# 제1회
# 한국가스공사

KB084197

## NCS
## 직업기초능력평가

〈문항 및 시험시간〉

| 평가영역 | 문항 수 | 시험시간 | 모바일<br>OMR 답안분석 |
|---|---|---|---|
| 의사소통능력＋수리능력＋문제해결능력<br>＋자원관리능력＋정보능력 | 50문항 | 60분 | |

# 제1회 모의고사

문항 수 : 50문항
시험시간 : 60분

**01** 다음 기사에 대한 제목으로 적절하지 않은 것은?

대·중소기업 간 동반성장을 위한 '상생'이 산업계의 화두로 조명 받고 있다. 4차 산업혁명 시대 도래 등 글로벌 시장에서의 경쟁이 날로 치열해지는 상황에서 대기업과 중소기업이 힘을 합쳐야 살아남을 수 있다는 위기감이 상생의 중요성을 부각하고 있다고 분석한다. 재계 관계자는 "그동안 반도체, 자동차 등 제조업에서 세계적인 경쟁력을 갖출 수 있었던 배경에는 대기업과 협력업체 간 상생의 역할이 컸다."며 "고속성장기를 지나 지속 가능한 구조로 한 단계 더 도약하기 위해 상생경영이 중요하다."라고 강조했다.

우리 기업들은 협력사의 경쟁력 향상이 곧 기업의 성장으로 이어질 것으로 보고 2·3차 중소 협력업체들과의 상생경영에 힘쓰고 있다. 단순히 갑을 관계에서 대기업을 서포트 해야 하는 존재가 아니라 상호 발전을 위한 동반자라는 인식이 자리 잡고 있다는 분석이다. 이에 따라 협력사들에 대한 지원도 거래대금 현금 지급 등 1차원적인 지원 방식에서 벗어나 경영 노하우 전수, 기술 이전 등을 통한 '상생 생태계' 구축에 도움을 주는 방향으로 초점이 맞춰지는 추세다.

특히 최근에는 상생 협력이 대기업이 중소기업에 주는 일시적인 시혜 차원의 문제가 아니라 경쟁에서 살아남기 위한 생존 문제와 직결된다는 인식이 강하다. 협약을 통해 협력업체를 지원해준 대기업이 업체의 기술력 향상으로 더 큰 이득으로 보상받고 이를 통해 우리 산업의 경쟁력이 강화될 것이란 설명이다. 경제 전문가는 "대·중소기업 간의 상생 협력이 강제 수단이 아니라 문화적으로 자리 잡아야 할 시기"라며 "대기업, 특히 오너 중심의 대기업들도 단기적인 수익이 아닌 장기적인 시각에서 질적 평가를 통해 협력업체의 경쟁력을 키울 방안을 고민해야 한다."라고 강조했다.

이와 관련해 국내 주요 기업들은 대기업보다 연구개발(R&D) 인력과 관련 노하우가 부족한 협력사들을 위해 각종 노하우를 전수하는 프로그램을 운영 중이다. S전자는 협력사들에 기술 노하우를 전수하기 위해 경영관리 제조 개발 품질 등 해당 전문 분야에서 20년 이상 노하우를 가진 S전자 임원과 부장급 100여 명으로 '상생컨설팅팀'을 구성했다. 지난해부터는 해외에 진출한 국내 협력사에도 노하우를 전수하고 있다.

① 지속 가능한 구조를 위한 상생 협력의 중요성
② 상생경영, 함께 가야 멀리 간다.
③ 대기업과 중소기업, 상호 발전을 위한 동반자로
④ 시혜적 차원에서의 대기업 지원의 중요성
⑤ 동반성장을 위한 상생의 중요성

**02** 다음 중 차트에 대한 설명으로 옳지 않은 것은?

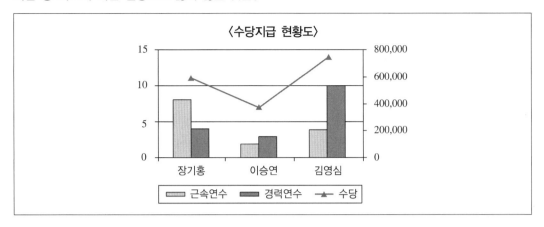

① 두 개의 차트 종류가 혼합되어 있으며, 값 축이 두 개로 설정된 이중 축 혼합형 차트이다.
② 막대그래프 계열 옵션의 계열 겹치기는 0%로 설정되었다.
③ 데이터 레이블이 표시된 차트이다.
④ 기본 가로축 제목이 표시되지 않은 차트이다.
⑤ 막대그래프는 왼쪽 세로축 기준이다.

**03** 다음 글을 읽고 이에 대한 내용으로 적절하지 않은 것은?

현대 우주론의 출발점은 1917년 아인슈타인이 발표한 정적 우주론이다. 아인슈타인은 우주는 팽창하지도 수축하지도 않는다고 주장했다. 그런데 위 이론의 토대가 된 아인슈타인의 일반상대성이론을 면밀히 살핀 러시아의 수학자 프리드만과 벨기에의 신부 르메트르의 생각은 아인슈타인과 달랐다. 프리드만은 1922년 "우주는 극도의 고밀도 상태에서 시작돼 점차 팽창하면서 밀도가 낮아졌다."라는 주장을, 르메트르는 1927년 "우주가 원시 원자들의 폭발로 시작됐다."라는 주장을 각각 논문으로 발표했다. 그러나 아인슈타인은 그들의 논문을 무시해 버렸다.

① 프리드만의 이론과 르메트르의 이론은 양립할 수 없는 관계이다.
② 정적 우주론은 일반상대성이론의 연장선상에 있는 이론이다.
③ 아인슈타인의 정적 우주론에 대한 반론이 제기되었다.
④ 아인슈타인의 이론과 프리드만의 이론은 양립할 수 없는 관계이다.
⑤ 아인슈타인은 프리드만과 르메트르의 주장을 받아들이지 않았다.

제1회 모의고사

딸기에는 비타민 C가 귤의 1.6배, 레몬의 2배, 키위의 2.6배, 사과의 10배 정도 함유되어 있다. 딸기 5 ~ 6개를 먹으면 하루에 필요한 비타민 C를 전부 섭취할 수 있다. 비타민 C는 신진대사 활성화에 도움을 줘 원기를 회복하고 체력을 증진시킨다. 또한, 멜라닌 색소가 축적되는 것을 막아주기 때문에 기미, 주근깨를 예방해준다. 멜라닌 색소가 많을수록 피부색이 검어지므로 미백 효과도 있는 셈이다. 피부 저항력을 높여줘 알레르기성 피부나 홍조가 짙은 피부에도 좋다. 비타민 C가 내는 신맛은 식욕 증진 효과가 있고 스트레스도 해소해준다. 비타민 C만큼 풍부하게 함유된 성분이 항산화 물질인데, 이는 암세포 증식을 억제하는 동시에 콜레스테롤 수치를 낮춰주는 기능을 한다. 그래서 심혈관계 질환, 동맥경화 등에 좋고 눈의 피로를 덜어주며 시각기능을 개선해주는 효과도 있다. 딸기는 식물성 섬유질 함량도 높은 과일이다. 섬유질 성분은 콜레스테롤을 낮추고 혈액을 깨끗하게 만들어준다. 그뿐만 아니라 소화 기능을 촉진하고 장운동을 활발하게 해 변비를 예방한다. 딸기 속 철분은 빈혈 예방 효과가 있어 혈색이 좋아지게 한다. 더불어 모공을 축소시켜 피부 탄력도 증진시킨다. 딸기와 같은 붉은 과일에는 리코펜이라는 성분이 들어있는데, 이 성분은 면역력을 높이고 혈관을 튼튼하게 해 노화 방지 효과를 낸다. 주의할 점은 건강에 무척 좋지만 당도가 높다는 것으로, 하루에 5 ~ 10개 정도만 먹는 것이 적당하다. 물론 달콤한 맛에 비해 열량은 100g당 27kcal로 높지 않아 다이어트 식품으로도 선호도가 높다.

**04** 다음 중 윗글의 제목으로 가장 적절한 것은?

① 딸기 속 비타민 C를 찾아라
② 비타민 C의 신맛의 비밀
③ 제철과일, 딸기 맛있게 먹는 법
④ 다양한 효능을 가진 딸기
⑤ 딸기를 먹을 때 주의해야 할 몇 가지

**05** 윗글을 마케팅에 이용할 때, 다음 중 마케팅 대상으로 옳지 않은 사람은?

① 잦은 야외활동으로 주근깨가 걱정인 사람
② 스트레스로 입맛이 사라진 사람
③ 콜레스테롤 수치 조절이 필요한 사람
④ 당뇨병으로 혈당 조절을 해야 하는 사람
⑤ 피부 탄력과 노화 예방에 관심이 많은 사람

**06** 다음 문단을 논리적 순서대로 바르게 배열한 것은?

(A) 흡연자와 비흡연자 사이의 후두암, 폐암 등의 질병별 발생위험도에 대해 건강보험공단은 유의미한 연구결과를 내놓기도 했다. 연구결과에 따르면 흡연자는 비흡연자에 비해서 후두암 발생률이 6.5배, 폐암 발생률이 4.6배 등 각종 암에 걸릴 확률이 높은 것으로 나타났다.

(B) 건강보험공단은 이에 대해 담배회사가 절차적 문제로 방어막을 치고 있는 것에 지나지 않는다 하여 비판을 제기하고 있다. 소송이 처음 시작한 만큼 담배회사와 건강보험공단 간의 '담배 소송'의 결과를 보기 위해서는 오랜 시간을 기다려야 할 것이다.

(C) 이와 같은 담배의 유해성 때문에 건강보험공단은 현재 담배회사와 소송을 진행하고 있는데, 이 소송에서는 담배의 유해성에 관한 인과관계 입증 이전에 다른 문제가 부상하였다. 건강보험공단이 소송당사자가 될 수 있는지가 문제가 된 것이다.

(D) 담배는 임진왜란 때 일본으로부터 호박, 고구마 등과 함께 들어온 것으로 알려져 있다. 그러나 선조들이 알고 있던 것과는 달리, 담배는 약초가 아니다. 담배의 유해성은 우선 담뱃갑이 스스로를 경고하는 경고 문구에 나타나 있다. 담뱃갑에는 '흡연은 폐암 등 각종 질병의 원인'이라는 문구를 시작으로, '담배 연기에는 발암성 물질인 나프틸아민, 벤젠, 비닐 크롤라이드, 비소, 카드뮴이 들어 있다.'라고 적시하고 있다.

① (A) − (C) − (D) − (B)       ② (D) − (A) − (C) − (B)
③ (A) − (D) − (C) − (B)       ④ (D) − (C) − (A) − (B)
⑤ (A) − (D) − (B) − (C)

**07** 다음 문장을 논리적 순서대로 바르게 배열한 것은?

(A) 최초로 입지를 선정하는 업체는 시장의 어디든 입지를 선택할 수 있으나 소비자의 이동 거리를 최소화하기 위하여 시장의 중심에 입지를 선택한다.

(B) 최대수요 입지론은 산업입지와 상관없이 비용은 고정되어 있다고 가정한다. 이 이론에서는 경쟁 업체와 가격 변동을 고려하여 수요가 극대화되는 입지를 선정한다.

(C) 그다음 입지를 선정해야 하는 경쟁 업체는 가격 변화에 따라 수요가 변하는 정도가 크지 않은 경우, 시장의 중심에서 멀어질수록 시장을 뺏기게 되므로 경쟁 업체가 있더라도 가능한 중심에 가깝게 입지를 선택하려고 한다.

(D) 하지만 가격 변화에 따라 수요가 크게 변하는 경우에는 두 경쟁자는 서로 적절히 떨어져 입지를 선택하여 보다 낮은 가격으로 제품을 공급하려고 한다.

① (B) − (A) − (C) − (D)       ② (B) − (D) − (C) − (A)
③ (D) − (A) − (B) − (C)       ④ (D) − (A) − (C) − (B)
⑤ (A) − (B) − (D) − (C)

안심Touch

'5060세대'. 몇 년 전까지만 해도 그들은 사회로부터 '지는 해' 취급을 받았다. '오륙도'라는 꼬리표를 달아 일터에서 밀어내고, 기업은 젊은 고객만 왕처럼 대우했다. 젊은 층의 지갑을 노려야 돈을 벌 수 있다는 것이 기업의 마케팅 전략이었기 때문이다.

그러나 최근 들어 상황이 달라졌다. 5060세대가 새로운 소비 군단으로 주목되기 시작한 가장 큰 이유는 고령화 사회로 접어들면서 시니어(Senior) 마켓 시장이 급속도로 커지고 있는 데다 이들이 돈과 시간을 가장 넉넉하게 가진 세대이기 때문이다. LG경제연구원에 따르면 2010년이면 50대 이상 인구 비중이 30%에 이르면서 50대 이상을 겨냥한 시장 규모가 100조 원대까지 성장할 예정이다.

통계청이 집계한 가구주 나이별 가계수지 자료를 보면, 한국 사회에서는 50대 가구주의 소득이 가장 높다. 월평균 361만 500원으로 40대의 소득보다도 높은 것으로 집계됐다. 가구주 나이가 40대인 가구의 가계수지를 보면, 소득은 50대보다 적으면서도 교육 관련 지출(45만 6,400원)이 압도적으로 높아 소비 여력이 낮은 편이다. 그러나 50대 가구주의 경우 소득이 높으면서 소비 여력 또한 충분하다. 50대 가구주의 처분 가능소득은 288만 7,500원으로 전 연령층에서 가장 높다.

이들이 신흥 소비군단으로 떠오르면서 '애플(APPLE)족'이라는 마케팅 용어까지 등장했다. 활동적이고 (Active) 자부심이 강하며(Pride) 안정적으로(Peace) 고급문화(Luxury)를 즐기는 경제력(Economy) 있는 50대 이후 세대를 뜻하는 말이다. 통계청은 여행과 레저를 즐기는 5060세대를 '2008 주목해야 할 블루슈머*7' 가운데 하나로 선정했다. 과거 5060세대는 자식을 보험으로 여기며 자식에게 의존하면서 살아가는 전통적인 노인이었다. 그러나 애플족은 자녀로부터 독립해 자기만의 새로운 인생을 추구한다. '통크족 (TONK; Two Only, No Kids)'이라는 별칭이 붙는 이유다. 통크족이나 애플족은 젊은 층의 전유물로 여겨 졌던 자기중심적이고 감각 지향적인 소비도 주저하지 않는다. 후반전 인생만은 자기가 원하는 일을 하며 멋지게 살아야 한다고 생각하기 때문이다.

애플족은 한국 국민 가운데 해외여행을 가장 많이 하는 세대이기도 하다. 2007년 통계청의 사회통계조사에 따르면 2006년 6월 15일 ~ 2007년 6월 14일 50대의 17.5%가 해외여행을 다녀왔다. 20대, 30대보다 높은 수치다. 그리고 그들은 어떤 지출보다 교양·오락비를 아낌없이 쓰는 것이 특징이다. 전문가들은 애 플족의 교양·오락 및 문화에 대한 지출비용은 앞으로도 증가할 것으로 내다보고 있다. 한 사회학과 교수 는 "고령사회로 접어들면서 성공적 노화 개념이 중요해짐에 따라 텔레비전 시청, 수면, 휴식 등 소극적 유형의 여가에서 게임 등 재미와 젊음을 찾을 수 있는 진정한 여가로 전환되고 있다."라고 말했다. 이 교수 는 젊은이 못지않은 의식과 행동반경을 보이는 5060세대를 겨냥한 다양한 상품과 서비스에 대한 수요가 앞으로도 크게 늘 것이라고 내다보았다.

*블루슈머(Bluesumer) : 경쟁자가 없는 시장을 의미하는 블루오션(Blue Ocean)과 소비자(Consumer)의 합성어로 새로운 제품에 적응력이 높고 소비성향을 선도하는 소비자를 의미한다.

① 애플족의 소비 성향은 어떠한가?
② 5060세대의 사회·경제적 위상 변화
③ 다양한 여가 활동을 즐기는 5060세대
④ 애플족을 '주목해야 할 블루슈머 7'로 선정
⑤ 점점 커지는 시니어 마켓 시장의 선점 방법

**09** 다음 글을 읽고 K대학교의 문제를 해결하기 위한 대안으로 가장 적절한 것은?

> K대학교는 현재 학생 관리 프로그램, 교수 관리 프로그램, 성적 관리 프로그램의 3개의 응용 프로그램을 갖추고 있다. 학생 관리 프로그램은 학생 정보를 저장하고 있는 파일을 이용하고, 교수 관리 프로그램은 교수 정보 파일 그리고 성적 관리 프로그램은 성적 정보 파일을 이용한다. 즉 다음과 같이 각각의 응용 프로그램들은 개별적인 파일을 이용한다.
>
> 이런 경우의 파일에는 많은 정보가 중복 저장되어 있다. 그렇기 때문에 중복된 정보가 수정되면 관련된 모든 파일을 수정해야 하는 불편함이 있다. 예를 들어, 한 학생이 자퇴하게 되면 학생 정보 파일뿐만 아니라 교수 정보 파일, 성적 정보 파일도 수정해야 하는 것이다.

① 데이터베이스 구축　　　　　　　② 유비쿼터스 구축
③ RFID 구축　　　　　　　　　　　④ NFC 구축
⑤ 와이파이 구축

**10** 다음 ㉠ ~ ㉤을 수정한 내용으로 적절하지 않은 것은?

> 수험생이 실제로 하는 건강관리는 전문가들이 추천한 건강관리 활동과 차이가 있다. 수험생은 건강이 나빠지면 가장 먼저 보양식을 챙겨 먹는 것으로 ㉠ 건강을 되찾으려고 한다. ㉡ 수면 시간을 늘리는 것으로 건강관리를 시도한다. 이러한 시도는 대부분의 사람들이 신체에 적신호가 일어났을 때 컨디션 관리를 통해 그것을 해결하려고 하는 자연스러운 활동으로 볼 수 있다. ㉢ 그래서 수험생은 다른 사람들보다 학업에 대한 부담감과 미래에 대한 불안감, 시험에서 오는 스트레스가 높다는 점을 생각해본다면 신체적 건강과 정신적 건강의 연결 고리에 대해 생각해 봐야 한다. 실제로 ㉣ 전문가들이 수험생 건강관리를 위한 조언을 보면 정신적 스트레스를 다스리는 것이 중요하다는 점을 알 수 있다. 수험생의 건강에 가장 악영향을 끼치는 것은 자신감과 긍정적인 생각의 부족이다. 시험에서 떨어지거나 낮은 성적을 받는 것에 대한 심리적 압박감이 건강을 크게 위협한다는 것이다. ㉤ 성적에 대한 부담감은 누구에게나 있지만, 성적을 통해서 인생이 좌우되는 것은 아니다. 전문가들은 수험생에게 명상하면서 마음을 진정하는 것과, 취미 활동을 통해 긴장을 완화하는 것이 스트레스의 해소에 도움이 된다고 조언한다.

① 의미를 분명히 하기 위해 ㉠을 '건강을 찾으려고 한다.'로 수정한다.
② 자연스러운 연결을 위해 ㉡ 앞에 '그다음으로'를 넣는다.
③ 앞뒤 내용이 전환되므로 ㉢을 '하지만'으로 바꾼다.
④ 호응관계를 고려하여 ㉣을 '전문가들의 수험생 건강관리를 위한 조언'으로 수정한다.
⑤ ㉤은 글의 전개상 불필요한 내용이므로 삭제한다.

11  서울에서 부산까지의 거리는 400km이고 서울에서 부산까지 가는 기차는 120km/h의 속력으로 달리며, 역마다 10분씩 정차한다. 서울에서 9시에 출발하여 부산에 13시 10분에 도착했다면, 기차는 몇 개의 역에 정차하였는가?(단, 기차의 가속도는 고려하지 않는다)

① 4개  ② 5개
③ 6개  ④ 7개
⑤ 8개

12  20%의 소금물 100g이 있다. 소금물 $x$g을 덜어내고, 덜어낸 양만큼의 소금을 첨가하였다. 거기에 11%의 소금물 $y$g을 섞었더니 26%의 소금물 300g이 되었다. 이때 $x+y$의 값은?

① 195  ② 213
③ 235  ④ 245
⑤ 315

13  어느 가정의 1월과 6월의 전기요금 비율이 5 : 2이다. 1월의 전기요금에서 6만 원을 뺄 경우에 그 비율이 3 : 2라면, 1월의 전기요금은?

① 9만 원  ② 10만 원
③ 12만 원  ④ 15만 원
⑤ 18만 원

**14** 다음은 5가지 커피에 대한 소비자 선호도 조사를 정리한 자료이다. 조사는 541명의 동일한 소비자를 대상으로 1차와 2차 구매를 통해 이루어졌다. 이에 대한 설명으로 옳은 것을 모두 고르면?

〈커피에 대한 소비자 선호도 조사〉

(단위 : 명)

| 1차 구매 | 2차 구매 | | | | | 합계 |
|---|---|---|---|---|---|---|
| | A | B | C | D | E | |
| A | 93 | 17 | 44 | 7 | 10 | 171 |
| B | 9 | 46 | 11 | 0 | 9 | 75 |
| C | 17 | 11 | 155 | 9 | 12 | 204 |
| D | 6 | 4 | 9 | 15 | 2 | 36 |
| E | 10 | 4 | 12 | 2 | 27 | 55 |
| 합계 | 135 | 82 | 231 | 33 | 60 | 541 |

ㄱ. D, E를 제외하고 대부분의 소비자들이 취향에 맞는 커피를 꾸준히 선택하고 있다.

ㄴ. 1차에서 A를 구매한 소비자가 2차 구매에서 C를 구입하는 경우가 그 반대의 경우보다 더 적다.

ㄷ. 1차, 2차 모두 C를 구입하는 소비자가 제일 많다.

① ㄱ

② ㄴ, ㄷ

③ ㄷ

④ ㄱ, ㄷ

⑤ ㄱ, ㄴ, ㄷ

**15** 다음은 어느 나라의 세율 체계에 관한 자료이다. 이에 대한 설명으로 옳지 않은 것을 모두 고르면?

가구주만 소득이 있는 경우와 가구주와 배우자 모두 소득이 있는 경우, 적용되는 세율체계가 다르다. 부부 중 가구주만 소득이 있는 경우에는 〈단일누진세율 체계〉와 같이 소득수준이 증가함에 따라 더 높은 소득세율을 적용하는 방식을 택하고 있다. 한편, 가구주와 배우자 모두 소득이 있는 경우 〈한계 소득세율 체계 및 적용례〉와 같이 15,000달러와 60,000달러를 기준으로 그 범위 내에 속하는 소득에 대해 각각 다른 소득세율을 부과하는 방식을 적용한다.

**〈단일누진세율 체계〉**

(단위 : 달러, %)

| 소득수준 | 소득세율 | 납세액 |
|---|---|---|
| 0 ~ 15,000 | 10 | 소득액의 0.1 |
| 15,000 초과 ~ 60,000 | 15 | 소득액의 0.15 |
| 60,000 초과 | 25 | 소득액의 0.25 |

**〈한계소득세율 체계 및 적용례〉**

(단위 : 달러, %)

| 소득구간 | 과세대상소득 | 소득세율 | 납세액 |
|---|---|---|---|
| 0 ~ 15,000 | 15,000 | 10 | 1,500 |
| 15,000 초과 ~ 60,000 | 45,000 | 15 | 6,750 |
| 60,000 초과 | 45,000 | 25 | 10,000 |
| 총 납세액 | | | 18,250 |

※ 적용례는 부부합산소득이 100,000달러인 경우

〈보기〉

ㄱ. 가구주만 60,000달러를 버는 경우 내야 할 세금은 8,250달러이다.
ㄴ. 가구주만 50,000달러를 버는 경우보다 맞벌이 부부가 45,000달러를 버는 경우가 납세 후 남은 소득이 더 많다.
ㄷ. 부부합산소득이 15,000달러 이하일 때는 단일누진세율 체계를 적용하더라도 내야 할 세금은 변화가 없다.
ㄹ. 부부합산소득이 160,000달러인 맞벌이 가구의 경우 내야 할 세금은 36,500달러이다.
ㅁ. 부부합산소득이 100,000달러인 맞벌이 가구는 가구주 혼자 100,000달러를 버는 경우보다 6,750달러 세금을 더 적게 낸다.

① ㄱ, ㄴ, ㄷ      ② ㄱ, ㄴ, ㄹ
③ ㄱ, ㄹ, ㅁ      ④ ㄴ, ㄹ, ㅁ
⑤ ㄷ, ㄹ, ㅁ

**16** e-스포츠 게임 리그에 참가 중인 S팀과 P팀이 다음 〈조건〉에 따라 경기를 한다. 다음 〈보기〉의 설명 중 옳은 것을 모두 고르면?

〈조건〉

- 게임은 일대일 대결로 총 3라운드로 진행되며, 한 명의 선수는 하나의 라운드에만 출전할 수 있다.
- 신생팀인 P팀은 선수층이 얇은 관계로 1라운드에 임 선수를, 2라운드에 홍 선수를, 3라운드에 박 선수를 출전시킨다.
- S팀은 라운드별로 이길 수 있는 확률이 0.6 이상이 되도록 7명의 선수(A ~ G) 중 3명을 선발한다.
- A ~ G의 7명의 선수가 임 선수, 홍 선수, 박 선수에 대하여 이길 수 있는 확률은 다음과 같다.

〈확률표〉

| S팀＼P팀 | 임 ○○ | 홍 ◆◆ | 박 ▲▲ |
|---|---|---|---|
| A선수 | 0.42 | 0.67 | 0.31 |
| B선수 | 0.35 | 0.82 | 0.49 |
| C선수 | 0.81 | 0.72 | 0.15 |
| D선수 | 0.13 | 0.19 | 0.76 |
| E선수 | 0.66 | 0.51 | 0.59 |
| F선수 | 0.54 | 0.28 | 0.99 |
| G선수 | 0.59 | 0.11 | 0.64 |

〈보기〉

ㄱ. 1라운드 때 임 선수와 경기할 S팀의 선수를 C선수로 정한다면, S팀이 선발할 수 있는 출전 선수의 조합은 6가지이다.

ㄴ. 2라운드 때 홍 선수와 경기할 S팀의 선수를 A선수로 정한다면, S팀이 선발할 수 있는 출전 선수의 조합은 3가지이다.

ㄷ. S팀이 선발할 수 있는 출전 선수 조합은 총 15가지이다.

① ㄱ
② ㄴ
③ ㄱ, ㄴ
④ ㄱ, ㄷ
⑤ ㄴ, ㄷ

**17** 다음은 성별·장애등급별 등록 장애인 현황을 나타낸 자료이다. 이에 대한 설명으로 옳은 것은?

〈2021년 성별 등록 장애인 수〉

(단위 : 명, %)

| 구분 \ 성별 | 여성 | 남성 | 전체 |
|---|---|---|---|
| 등록 장애인 수 | 1,048,979 | 1,468,333 | 2,517,312 |
| 전년 대비 증가율 | 0.50 | 5.50 | ( ) |

〈성별·장애등급별 등록 장애인 수〉

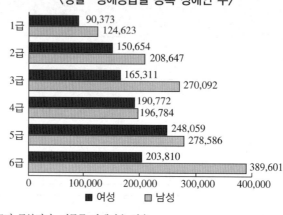

※ 장애등급은 1 ~ 6급으로만 구분되며, 미등록 장애인은 없음

① 전체 등록 장애인 수의 전년 대비 증가율은 4% 이상이다.
② 등록 장애인 수가 전년 대비 가장 많이 증가한 장애등급은 6급이다.
③ 5급과 6급 등록 장애인 수의 합은 전체 등록 장애인 수의 50% 이상이다.
④ 등록 장애인 수가 가장 많은 장애등급의 남성 장애인 수는 등록 장애인 수가 가장 적은 장애등급의 남성 장애인 수의 3배 이상이다.
⑤ 성별 등록 장애인 수 차이가 가장 작은 장애등급과 가장 큰 장애등급의 여성 장애인 수의 합은 여성 전체 등록 장애인 수의 40% 이상이다.

※ 다음은 K공사 직원들의 핵심성과지표(KPI)를 토대로 인사점수를 산정한 자료이다. 이어지는 질문에 답하시오. [18~19]

**〈개별 인사점수〉**

| 구분 | 리더십 | 조직기여도 | 성과 | 교육이수 여부 | 부서 |
|---|---|---|---|---|---|
| L과장 | 88점 | 86점 | 83점 | × | 영업부 |
| M차장 | 92점 | 90점 | 88점 | ○ | 고객만족부 |
| N주임 | 90점 | 82점 | 85점 | × | IT부 |
| O사원 | 90점 | 90점 | 85점 | × | 총무부 |
| P대리 | 83점 | 90점 | 88점 | ○ | 영업부 |

※ 교육을 이수하였으면 20점을 가산한다.
※ 사원 ~ 주임은 50점, 대리는 80점, 과장 이상의 직급은 100점을 가산한다.

**〈부서 평가〉**

| 구분 | 영업부 | 총무부 | IT부 | 고객만족부 | 기획부 |
|---|---|---|---|---|---|
| 등급 | A | C | B | A | B |

※ 부서 평가 등급이 A등급인 부서는 조직기여도에 1.5배, B등급은 1배, C등급은 0.8배로 계산한다.

**18** 다음 중 총 점수가 400점 이상 410점 이하인 직원은 모두 몇 명인가?

① 1명
② 2명
③ 3명
④ 4명
⑤ 5명

**19** 다음 중 가장 높은 점수를 받은 직원은 누구인가?

① L과장
② M차장
③ N주임
④ O사원
⑤ P대리

**20** 다음은 자료, 정보, 지식을 구분해 놓은 자료이다. 〈보기〉 중 정보(Information)에 대한 사례로 옳은 것을 모두 고르면?

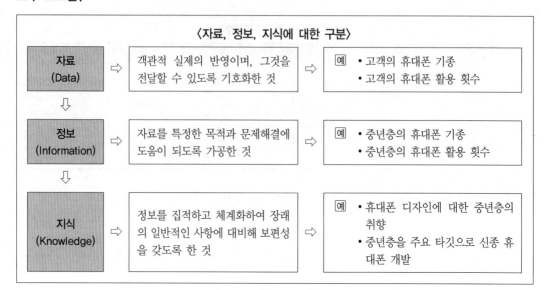

〈자료, 정보, 지식에 대한 구분〉

| 자료 (Data) | ⇒ | 객관적 실제의 반영이며, 그것을 전달할 수 있도록 기호화한 것 | ⇒ | 예 • 고객의 휴대폰 기종<br>• 고객의 휴대폰 활용 횟수 |
| --- | --- | --- | --- | --- |
| 정보 (Information) | ⇒ | 자료를 특정한 목적과 문제해결에 도움이 되도록 가공한 것 | ⇒ | 예 • 중년층의 휴대폰 기종<br>• 중년층의 휴대폰 활용 횟수 |
| 지식 (Knowledge) | ⇒ | 정보를 집적하고 체계화하여 장래의 일반적인 사항에 대비해 보편성을 갖도록 한 것 | ⇒ | 예 • 휴대폰 디자인에 대한 중년층의 취향<br>• 중년층을 주요 타깃으로 신종 휴대폰 개발 |

─〈보기〉─
㉠ 라면 종류별 전체 판매량
㉡ 1인 가구의 인기 음식
㉢ 남성을 위한 고데기 개발
㉣ 다큐멘터리와 예능 시청률
㉤ 만보기 사용 횟수
㉥ 5세 미만 아동들의 선호 색상

① ㉠, ㉢
② ㉡, ㉣
③ ㉡, ㉥
④ ㉢, ㉥
⑤ ㉣, ㉤

**21** 5명(A ~ E)이 순서대로 퀴즈게임을 해서 벌칙 받을 사람 1명을 선정하고자 한다. 게임 규칙과 결과에 근거할 때, 항상 옳은 것을 〈보기〉에서 모두 고르면?

- 규칙
  - A → B → C → D → E 순서대로 퀴즈를 1개씩 풀고, 모두 한 번씩 퀴즈를 풀고 나면 한 라운드가 끝난다.
  - 퀴즈 2개를 맞힌 사람은 벌칙에서 제외되고, 다음 라운드부터는 게임에 참여하지 않는다.
  - 라운드를 반복하여 맨 마지막까지 남는 한 사람이 벌칙을 받는다.
  - 벌칙을 받을 사람이 결정되면 라운드 중이라도 더 이상 퀴즈를 출제하지 않는다.
  - 게임 중 동일한 문제는 출제하지 않는다.
- 결과
  3라운드에서 A는 참가자 중 처음으로 벌칙에서 제외되었고, 4라운드에서는 오직 B만 벌칙에서 제외되었으며, 벌칙을 받을 사람은 5라운드에서 결정되었다.

〈보기〉

ㄱ. 5라운드까지 참가자들이 정답을 맞힌 퀴즈는 총 9개이다.
ㄴ. 게임이 종료될 때까지 총 22개의 퀴즈가 출제되었다면, E는 5라운드에서 퀴즈의 정답을 맞혔다.
ㄷ. 게임이 종료될 때까지 총 21개의 퀴즈가 출제되었다면, 퀴즈를 푸는 순서가 벌칙을 받을 사람 선정에 영향을 미친 것으로 볼 수 있다.

① ㄱ
② ㄴ
③ ㄱ, ㄷ
④ ㄴ, ㄷ
⑤ ㄱ, ㄴ, ㄷ

**22** 다음 명제를 통해 얻을 수 있는 결론으로 옳은 것은?

- 재현이가 춤을 추면 서현이나 지훈이가 춤을 춘다.
- 재현이가 춤을 추지 않으면 종열이가 춤을 춘다.
- 종열이가 춤을 추지 않으면 지훈이도 춤을 추지 않는다.
- 종열이는 춤을 추지 않았다.

① 재현이만 춤을 추었다.
② 서현이만 춤을 추었다.
③ 지훈이만 춤을 추었다.
④ 재현이와 지훈이 모두 춤을 추었다.
⑤ 재현이와 서현이 모두 춤을 추었다.

※ 다음은 S회사의 회의록이다. 이어지는 질문에 답하시오. [23~24]

〈회의록〉

| 회의일시 | 2022년 1월 25일 | 부서 | 생산팀, 연구팀, 마케팅팀 | 작성자 | 이재민 |
|---|---|---|---|---|---|
| 참석자 | 생산팀 팀장·차장, 연구팀 팀장·차장, 마케팅팀 팀장·차장 | | | | |
| 회의안건 | 제품에서 악취가 난다는 고객 불만에 따른 원인 조사 및 대책 마련 | | | | |
| 회의내용 | 주문폭주로 인한 물량증가로 잉크가 덜 마른 포장상자를 사용해 냄새가 제품에 스며든 것으로 추측 | | | | |
| 결정사항 | [생산팀]<br>내부 비닐포장, 외부 종이상자 포장이었던 기존방식에서 내부 2중 비닐포장, 외부 종이상자 포장으로 교체<br>[마케팅팀]<br>1. 주문량이 급격히 증가했던 일주일 동안 생산된 제품 전격 회수<br>2. 제품을 공급한 매장에 사과문 발송 및 100% 환불·보상 공지<br>[연구팀]<br>포장재질 및 인쇄된 잉크의 유해성분 조사 | | | | |

**23** 다음 중 회의록에 대한 내용으로 적절한 것은?

① 이 조직은 6명으로 이루어져 있다.
② 회의 참석자는 총 3명이다.
③ 연구팀에서 제품을 전격 회수해 포장재질 및 인쇄된 잉크의 유해성분을 조사하기로 했다.
④ 주문량이 많아 잉크가 덜 마른 포장상자를 사용한 것이 문제 발생의 원인으로 추측된다.
⑤ 포장재질 및 인쇄된 잉크 유해성분을 조사한 결과 인체에는 무해한 것으로 밝혀졌다.

**24** 회의록의 결정사항으로 판단했을 때, 다음 중 가장 먼저 해야 할 일은 무엇인가?

① 해당 브랜드의 전제품 회수
② 포장재질 및 인쇄된 잉크 유해성분 조사
③ 새로 도입하는 포장방식 홍보
④ 주문량이 급격히 증가한 일주일 동안 생산된 제품 파악
⑤ 제품을 공급한 매장에 사과문 발송

**25** 다음은 H항공사의 항공이용에 관한 조사 설계의 내용이다. 본 설문조사의 목적으로 적절하지 않은 것은?

1. 조사목적

2. 과업 범위
- 조사 대상 : 서울과 수도권에 거주하고 있으며 최근 3년 이내 여행 및 출장 목적의 해외방문 경험이 있고, 향후 1년 이내 해외로 여행 및 출장 의향이 있는 만 20 ~ 60세 이상의 성인 남녀
- 조사 방법 : 구조화된 질문지를 이용한 온라인 설문조사
- 표본 규모 : 총 1,000명

3. 조사 내용
- 시장 환경 파악 : 여행 / 출장 시장 동향(출국 목적, 체류기간 등)
- 과거 해외 근거리 당일 왕복항공 이용 실적 파악 : 이용 빈도, 출국 목적, 목적지 등
- 향후 해외 근거리 당일 왕복항공 잠재 수요 파악 : 이용의향 빈도, 출국 목적 등
- 해외 근거리 당일 왕복항공 이용을 위한 개선 사항 파악 : 해외 근거리 당일 왕복항공을 위한 개선사항 적용 시 해외 당일 여행 계획 또는 의향
- 배경정보 파악 : 인구 사회학적 특성(성별, 연령, 거주 지역 등)

4. 결론 및 기대효과

① 단기 해외여행의 수요 증가 현황과 관련 항공 시장 파악
② 해외 당일치기 여객의 수요에 부응할 수 있는 노선 구축 근거 마련
③ 해외 근거리 당일 왕복항공을 이용한 실적 및 행태 파악
④ 근거리 국가로 여행 또는 출장을 위해 당일 왕복항공을 이용할 의향과 수용도 파악
⑤ 향후 당일 항공 여행객을 위한 마케팅 활동에 활용할 자료 구축

가격의 변화가 인간의 주관성에 좌우되지 않고 객관적인 근거를 갖는다는 가설이 정통 경제 이론의 핵심이다. 이러한 정통 경제 이론의 입장에서 증권시장을 설명하는 기본 모델은 주가가 기업의 내재적 가치를 반영한다는 가설로부터 출발한다. 기본 모델에서는 기업이 존재하는 동안 이익을 창출할 수 있는 역량, 즉 기업의 내재적 가치를 자본의 가격으로 본다. 기업가는 이 내재적 가치를 보고 투자를 결정한다. 그런데 투자를 통해 거두어들일 수 있는 총이익, 즉 기본 가치를 측정하는 일은 매우 어렵다. 따라서 이익의 크기를 예측할 때, 신뢰할 만한 계산과 정확한 판단이 중요하다.

증권시장은 바로 이 기본 가치에 대한 믿을 만한 예측을 제시할 수 있기 때문에 사회적 유용성을 갖는다. 증권시장은 주가를 통해 경제계에 필요한 정보를 제공하며 자본의 효율적인 배분을 가능하게 한다. 즉, 투자를 유익한 방향으로 유도해 자본이라는 소중한 자원을 낭비하지 않도록 만들어 경제 전체의 효율성까지 높여 준다. 이런 측면에서 볼 때, 증권시장은 실물경제의 충실한 반영일 뿐, 어떤 자율성도 갖지 않는다.

이러한 기본 모델의 관점은 대단히 논리적이지만 증권시장을 효율적으로 운영하는 방법에 대한 적절한 분석까지 제공하지는 못한다. 증권시장에서 주식의 가격과 그 기업의 기본 가치가 현격하게 차이가 나는 '투기적 거품 현상'이 발생하는 것을 볼 수 있는데, 이러한 현상은 기본 모델로는 설명할 수 없다. 실제로 증권시장에 종사하는 관계자들은 기본 모델이 이러한 가격 변화를 설명해 주지 못하기 때문에 무엇보다 증권시장 자체에 관심을 기울이고 증권시장을 절대적인 기준으로 삼는다.

여기에서 우리는 자기참조 모델을 생각해 볼 수 있다. 자기참조 모델의 중심 내용은, '사람들은 기업의 미래 가치를 읽을 목적으로 실물경제보다 증권시장에 주목하며 증권시장의 여론 변화를 예측하는 데 초점을 맞춘다.'는 것이다. 기본 모델에서 가격은 증권시장 밖의 객관적인 기준인 기본 가치를 근거로 하여 결정되지만, 자기참조 모델에서 가격은 증권시장에 참여한 사람들의 여론에 의해 결정된다. 따라서 투자자들은 증권시장 밖의 객관적인 기준을 분석하기보다는 다른 사람들의 생각을 꿰뚫어 보려고 안간힘을 다한다. 기본 가치를 분석했을 때는 주가가 상승할 객관적인 근거가 없어도 투자자들은 증권시장의 여론에 따라 주식을 사는 것이 합리적이라고 생각한다. 이러한 이상한 합리성을 '모방'이라고 한다. 이런 모방 때문에 주가가 변덕스러운 등락을 보이기 쉽다.

그런데 하나의 의견이 투자자 전체의 관심을 꾸준히 끌 수 있는 기준적 해석으로 부각되면 이 '모방'도 안정을 유지할 수 있다. 모방을 통해서 합리적이라 인정되는 다수의 비전인 '묵계'가 제시되어 객관적 기준의 결여라는 단점을 극복한다.

따라서 사람들은 묵계를 통해 미래를 예측하고, 증권시장은 이러한 묵계를 조성하고 유지해 가면서 단순한 실물경제의 반영이 아닌 경제를 자율적으로 평가할 힘을 가질 수 있다.

**26** 다음 중 글의 전개상 특징으로 가장 적절한 것은?

① 기업과 증권시장의 관계를 분석하고 있다.
② 증권시장의 개념을 단계적으로 규명하고 있다.
③ 사례 분석을 통해 정통 경제 이론의 한계를 지적하고 있다.
④ 주가 변화의 원리를 중심으로 다른 관점을 대비하고 있다.
⑤ 증권시장의 기능을 설명한 후 구체적 사례에 적용하고 있다.

**27** 다음 중 글의 내용으로 적절하지 않은 것은?

① 증권시장은 객관적인 기준이 인간의 주관성보다 합리적임을 입증한다.
② 정통 경제 이론에서는 가격의 변화가 객관적인 근거를 갖는다고 본다.
③ 기본 모델의 관점은 주가가 자본의 효율적인 배분을 가능하게 한다고 본다.
④ 증권시장의 여론을 모방하려는 경향으로 인해 주가가 변덕스러운 등락을 보이기도 한다.
⑤ 기본 모델은 주가를 예측하기 위해 기업의 내재적 가치에 주목하지만 자기참조 모델은 증권시장의 여론에 주목한다.

**28** 윗글의 내용을 바탕으로 할 때, 다음 중 빈칸에 들어갈 내용으로 가장 적절한 것은?

| |
|---|
| 자기참조 모델에 따르면 증권시장은 _____ |

① 합리성과 효율성이라는 경제의 원리가 구현되는 공간이다.
② 기본 가치에 대해 객관적인 평가를 제공하는 금융시장이다.
③ 객관적인 미래 예측 정보를 적극적으로 활용하는 금융시장이다.
④ 기업의 주가와 기업의 내재적 가치를 일치시켜 나가는 공간이다.
⑤ 투자자들이 묵계를 통해 자본의 가격을 산출해 내는 제도적 장치이다.

테슬라사의 5인승 전기자동차 '모델3'은 한 번 충전으로 최대 345km를 달릴 수 있다. 전기자동차로는 최고 사양이지만 충전에 걸리는 시간이나 충전소 사이의 간격을 생각한다면 아직 부족하게 느껴지는 것도 사실이다. 전기자동차에 쓰이는 리튬이온 배터리의 기술적 발전은 이미 한계에 이른 반면, 자율주행이나 커넥티드 카처럼 전기에너지가 필요한 기능은 급속도로 늘어나고 있다. 지쳐가는 전기자동차에 더욱 강력한 힘을 줄 구원투수로 '그래핀 배터리'가 떠오르고 있다.

(A) 테슬라사는 리튬이온 배터리를 묶음으로 사용하는 단순하고 안전한 방법으로 전기자동차를 만들었다. 배터리를 개선해 매년 5%씩 충전용량을 늘리고 고속충전소를 만들어 40분 만에 80% 충전을 구현했지만 운행거리는 아직 400km 안팎에서 머물고 있다. 한편 최근 테슬라사에 도전장을 내민 피스커사는 그래핀 배터리를 장착해 한 번 충전에 최대 640km 이상을 달릴 수 있는 전기자동차 '이모션'을 출시하겠다고 발표했다. 시속 260km의 최고 속도를 자랑하는 이모션이 예정대로 출시된다면 세계 최초로 그래핀 배터리를 탑재한 상용차로 기록될 것이다.

(B) 이렇게 만들어 낸 3차원 그래핀을 전지의 음극재로 시험 적용한 결과 약 100mAh 수준의 정전용량을 약 300mAh까지 끌어올렸다. 전기자동차나 수소자동차에 쓰일 대용량 배터리의 가능성을 확인한 것이다. 이번 연구는 주형재료인 제올라이트가 매우 저렴하고 산용액으로 주형을 제거하는 공정도 단순해 대량생산과 상용화의 가능성이 높다고 평가받고 있다.

전 세계에 대두되는 에너지 및 환경오염 문제를 해결하기 위해 전기자동차가 미래의 새로운 운송수단으로 주목 받고 있는 이때, 나노기술 기반의 전기자동차 상용화는 미래 자동차 패러다임을 변화할 수 있는 주요한 키(Key)이다. 미래의 자동차를 힘 있게 움직여 나갈 그래핀 배터리의 활약을 기대해 보자.

(C) 이모션에 들어갈 그래핀 배터리는 스타트업 기업인 나노테크 에너지사의 제품으로, 레이저로 그래핀을 가공해 부드럽게 휘어지도록 만든 슈퍼커패시터가 핵심이다. 슈퍼커패시터는 전기에너지를 빠르게 대량으로 저장해, 높은 전류를 신속하고 안정적으로 공급하는 장치이다. 그래핀 슈퍼커패시터가 전기자동차의 주행거리와 가속능력을 어디까지 끌어올릴지 관심을 모으고 있다.

(D) 우리나라 연구진도 그래핀을 이용한 슈퍼커패시터를 선보였다. 2015년 기초과학연구원(IBS) 나노구조물리 연구단(단장 이영희 성균관대 교수)은 빌딩형태의 3차원 탄소나노튜브 – 그래핀 구조체를 만들어 높은 에너지밀도를 가지면서 고출력을 유지하는 슈퍼커패시터를 개발하는 데 성공했다. 연구진은 수용액 속에서 탄소나노튜브에 고분자 물질을 흡착시키고 여기에 그래핀 구조가 들어 있는 산화흑연을 반응시켜 그래핀 층 사이에 탄소나노튜브가 배치된 3차원 구조물을 만들었다가 다시 200℃ 이상 가열해 고분자 물질만 제거하면 탄소나노튜브 – 그래핀의 3차원 빌딩구조만 남게 된다. 탄소나노튜브 – 그래핀의 3차원 빌딩구조에는 이온이 드나들 공간이 많고 이온을 흡착할 표면적도 넓어서 보다 많은 전기를 저장하고 빠르게 내보낼 수 있는 슈퍼커패시터를 만들 수 있다. 연구진은 현재 $20\mu m$까지 구현한 두께를 $100\mu m$까지 늘리면 실제 전기자동차에 상용화할 수 있을 것으로 내다보았다.

**29** 다음 중 첫 문단 이후에 이어질 내용을 순서대로 바르게 나열한 것은?

① (D) – (C) – (A) – (B)
② (A) – (D) – (B) – (C)
③ (A) – (C) – (D) – (B)
④ (D) – (B) – (A) – (C)
⑤ (C) – (A) – (B) – (D)

**30** 다음 중 (C)문단의 주제로 가장 적절한 것은?

① 부드럽게 휘어지는 그래핀 배터리
② 전기자동차의 과거와 현재
③ 전기를 저장하는 그래핀 빌딩
④ 나노주형으로 만든 3차원 그래핀
⑤ 미래의 새로운 운송수단

**31** K공사에서는 4월 1일 월요일부터 한 달 동안 임직원을 대상으로 금연교육 4회, 금주교육 3회, 성교육 2회를 실시하려고 한다. 다음 〈조건〉을 참고할 때, 교육 일정에 대한 내용으로 옳은 것은?

〈조건〉
- 금연교육은 정해진 같은 요일에만 주 1회 실시하고, 화, 수, 목요일 중에 해야 한다.
- 금주교육은 월요일과 금요일을 제외한 다른 요일에 시행하며, 주 2회 이상은 실시하지 않는다.
- 성교육은 4월 10일 이전, 같은 주에 이틀 연속으로 실시한다.
- 4월 22일부터 26일까지 워크숍 기간이고, 이 기간에는 어떠한 교육도 실시할 수 없다.
- 교육은 하루에 하나만 실시할 수 있고, 토요일과 일요일에는 교육을 실시할 수 없다.
- 계획한 모든 교육을 반드시 4월 안에 완료하여야 한다.

① 금연교육이 가능한 요일은 화요일과 수요일이다.
② 금주교육은 같은 요일에 실시되어야 한다.
③ 금주교육은 4월 마지막 주에도 실시된다.
④ 4월 30일에도 교육이 있다.
⑤ 성교육은 반드시 4일과 5일에 시행된다.

안심Touch

**32** 10년 후 아버지의 나이는 형의 나이와 동생의 나이 합의 2배가 된다. 형과 동생의 나이 차이가 4살이고 현재 아버지의 나이를 $a$세라고 할 때, 현재 동생의 나이는 몇 세인가?

① $\dfrac{a-20}{4}$ 세
② $\dfrac{a-36}{4}$ 세
③ $\dfrac{a-38}{4}$ 세
④ $\dfrac{a-40}{4}$ 세
⑤ $\dfrac{a-42}{4}$ 세

**33** 다음 글의 수정방안으로 옳은 것을 고르면?

> 우울증을 잘 초래하는 성향은 창조성과 결부되어 있기 때문에 생존에 유리한 측면이 있었다. 따라서 우울증과 관련이 있는 유전자는 오랜 역사를 거쳐 오면서도 사멸하지 않고 살아남아 오늘날 현대인에게도 그 유전자가 상당수 존재할 가능성이 있다. 베토벤, 뉴턴, 헤밍웨이 등 위대한 음악가, 과학자, 작가들의 상당수가 우울한 성향을 갖고 있었다. ㉠ 천재와 우울증은 어찌 보면 동전의 양면으로, 인류 문명의 진보를 이끈 하나의 동력이자 그 부산물이라 할 수 있을지도 모른다.
> 우울증은 일반적으로 자기 파괴적인 질환으로 인식되어 왔지만 실은 자신을 보호하고 미래를 준비하기 위한 보호 기제일 수도 있다. 달성할 수 없거나 달성하기 매우 어려운 목표에 도달하기 위해 엄청난 에너지를 소모하는 것은 에너지와 자원을 낭비할 뿐만 아니라, 정신과 신체를 소진시킴으로써 사회적 기능을 수행할 수 없게 하고 주위의 도움이 없으면 생명을 유지하기 어려운 상태에 ㉡ 이르게도 할 수 있다. 이를 막기 위한 기제가 스스로의 자존감을 낮추고 그 목표를 포기하게 만드는 것이다. 이를 통해 고갈된 에너지를 보충하고 다시 도전할 수 있는 기회를 모색할 수 있다. ㉢ 또한 지금과 같은 경쟁 사회는 새로운 기술이나 생각에 대한 사회적 요구가 커지기 때문에 정신적 소진 상태를 초래하기 쉬운 환경이 되고 있다.
> 오늘날 우울증은 왜 이렇게 급격하게 늘어나는 것일까? 창조성이란 그 사회에 존재하고 있는 기술이나 생각에 대한 도전이자 대안 제시이며, 기존의 기술이나 생각을 엮어서 새로운 조합을 만들어 내는 것이다. 과거에 비해 현대 사회는 경쟁이 심화되고 혁신들이 더 가치를 인정받기 때문에 창조성이 있는 사람은 상당히 큰 선택적 이익을 갖게 된다. ㉣ 그렇지만 현대 사회처럼 기존에 존재하는 기술이나 생각이 엄청나게 많아 우리의 뇌가 그것을 담기에도 벅찬 경우에는 새로운 조합을 만들어 내는 일은 무척이나 많은 에너지를 요한다. 결국 경쟁은 창조성을 ㉤ 발휘하게 하지만 지나친 경쟁은 정신적 소진을 초래하기 때문에 우울증이 많이 발생할 수 있다.

① ㉠ – 문단과 관련 없는 내용이므로 삭제한다.
② ㉡ – 문장의 주어와 호응되지 않으므로 '이른다'로 수정한다.
③ ㉢ – 두 번째 문단의 내용과 어울리지 않으므로 세 번째 문단으로 옮긴다.
④ ㉣ – 뒷 문장이 앞 문장의 결과이므로 '그리하여'로 수정한다.
⑤ ㉤ – 문맥상의 내용과 반대되는 내용이므로 '억제하지만'으로 수정한다.

**34** 다음은 K공사 직원들의 이번 주 추가근무 계획표이다. 하루에 3명 이상 추가근무를 할 수 없고, 직원들은 각자 일주일에 6시간을 초과하여 추가근무를 할 수 없다. 다음 중 추가근무 일정을 수정해야 하는 사람은 누구인가?

<일주일 추가근무 일정>

| 성명 | 추가근무 일정 | 성명 | 추가근무 일정 |
|---|---|---|---|
| 유진실 | 금요일 3시간 | 민윤기 | 월요일 2시간 |
| 김은선 | 월요일 6시간 | 김남준 | 일요일 4시간, 화요일 3시간 |
| 이영희 | 토요일 4시간 | 전정국 | 토요일 6시간 |
| 최유화 | 목요일 1시간 | 정호석 | 화요일 4시간, 금요일 1시간 |
| 김석진 | 화요일 5시간 | 김태형 | 수요일 6시간 |
| 박지민 | 수요일 3시간, 일요일 2시간 | 박시혁 | 목요일 1시간 |

① 김은선      ② 김석진
③ 박지민      ④ 김남준
⑤ 정호석

**35** 축구 국가대표팀은 3월 6일에 그리스와 평가전을 했다. 평가전이 열리기 5일 전 국가대표팀 감독은 기자회견을 했다. 기자회견에서 감독은 월드컵 예선 첫 경기가 열리는 6월 18일을 기준으로 40일 전에 국가대표팀 최종 명단을 발표한다고 말했다. 최종 명단이 발표되는 날은 무슨 요일인가?(단, 3월 1일은 목요일이다)

① 일요일      ② 월요일
③ 화요일      ④ 수요일
⑤ 목요일

**36** A ~ C 세 사람은 주기적으로 집안 청소를 한다. A는 6일마다, B는 8일마다, C는 9일마다 청소를 할 때, 세 명이 9월 10일에 모두 같이 청소를 했다면, 다음에 다시 같이 청소하는 날은 언제인가?

① 11월 5일      ② 11월 12일
③ 11월 16일      ④ 11월 21일
⑤ 11월 29일

안심Touch

**37** G공사의 작년 신입사원 모집 지원자 수는 1,000명이었다. 올해는 작년보다 남성의 지원율이 2% 증가하고 여성의 지원율은 3% 증가하여 전체 지원자 수는 24명이 증가하였다. 올해의 남성 지원자 수는?

① 604명　　　　　　　　　　　　② 610명

③ 612명　　　　　　　　　　　　④ 508명

⑤ 512명

**38** 어느 제약회사 공장에서는 A, B 두 종류의 기계로 같은 종류의 플라스틱 통에 비타민제를 담는다. 한 시간에 A기계 3대와 B기계 2대를 작동하면 1,600통에 비타민제를 담을 수 있고, A기계 2대와 B기계 3대를 작동하면 1,500통에 비타민제를 담을 수 있다고 한다. A기계 1대와 B기계 1대로 한 시간 동안에 담을 수 있는 비타민제 통의 전체 개수는?(단, 한 통에 들어가는 비타민제의 양은 같다)

① 580개　　　　　　　　　　　　② 600개

③ 620개　　　　　　　　　　　　④ 640개

⑤ 660개

**39** KTX와 새마을호가 서로 마주보며 오고 있다. 속도는 7 : 5의 비율로 운행하고 있으며 현재 두 열차 사이의 거리는 6km이다. 두 열차가 서로 만났을 때, 새마을호가 이동한 거리는?

① 2km　　　　　　　　　　　　　② 2.5km

③ 3km　　　　　　　　　　　　　④ 3.5km

⑤ 4km

**40** 같은 공원에서 A는 강아지와 함께 2일마다 산책을 하고, B는 혼자 3일마다 산책을 한다. A는 월요일부터 산책을 했고, B는 그 다음 날부터 산책을 했다면, 처음으로 A와 B가 만나는 날은 무슨 요일인가?

① 수요일　　　　　　　　　　　　② 목요일

③ 금요일　　　　　　　　　　　　④ 토요일

⑤ 일요일

**41** G공사에서는 사업주의 직업능력개발훈련을 촉진하기 위해 기업 규모에 따라 지원금을 차등 지급하고 있다. 다음 자료를 토대로 판단했을 때, 원격훈련으로 직업능력개발훈련을 시행하는 X, Y, Z 세 기업의 원격훈련지원금을 바르게 짝지은 것은?

〈기업 규모별 지원 비율〉

| 기업 | 훈련 | 지원 비율 |
|---|---|---|
| 우선지원대상 기업 | 향상 · 양성훈련 | 100% |
| 대규모 기업 | 향상 · 양성훈련 | 60% |
| | 비정규직대상훈련 / 전직훈련 | 70% |
| 상시근로자 1,000인 이상 대규모 기업 | 향상 · 양성훈련 | 50% |
| | 비정규직대상훈련 / 전직훈련 | 70% |

〈원격훈련 종류별 지원금〉

| 심사등급 \ 훈련종류 | 인터넷 | 스마트 | 우편 |
|---|---|---|---|
| A | 5,600원 | 11,000원 | 3,600원 |
| B | 3,800원 | 7,400원 | 2,800원 |
| C | 2,700원 | 5,400원 | 1,980원 |

※ 인터넷 · 스마트 원격훈련 : 정보통신매체를 활용하여 훈련이 시행되고 훈련생 관리 등이 웹상으로 이루어지는 훈련
※ 우편 원격훈련 : 인쇄매체로 된 훈련교재를 이용하여 훈련이 시행되고 훈련생 관리 등이 웹상으로 이루어지는 훈련
※ (원격훈련지원금)＝(원격훈련 종류별 지원금)×(훈련시간)×(훈련수료인원)×(기업 규모별 지원 비율)

〈세 기업의 원격훈련 시행 내역〉

| 구분 | 기업 규모 | 종류 | 내용 | 시간 | 등급 | 수료인원 |
|---|---|---|---|---|---|---|
| X기업 | 우선지원대상 기업 | 스마트 | 향상 · 양성훈련 | 6시간 | C등급 | 7명 |
| Y기업 | 대규모 기업 | 인터넷 | 비정규직대상훈련 / 전직훈련 | 3시간 | B등급 | 4명 |
| Z기업 | 상시근로자 1,000인 이상 대규모 기업 | 스마트 | 향상 · 양성훈련 | 4시간 | A등급 | 6명 |

① X기업 – 201,220원
② X기업 – 226,800원
③ Y기업 – 34,780원
④ Y기업 – 35,120원
⑤ Z기업 – 98,000원

※ 다음은 우리나라의 각 지역이 정부로부터 배분받은 지역산업기술개발사업 예산 중 다른 지역으로 유출된 예산의 비중에 관한 자료이다. 이어지는 질문에 답하시오. [42~44]

(단위 : %)

| 지역 | 2017년 | 2018년 | 2019년 | 2020년 | 2021년 |
|---|---|---|---|---|---|
| 강원 | 21.90 | 2.26 | 4.74 | 4.35 | 10.08 |
| 경남 | 2.25 | 1.55 | 1.73 | 1.90 | 3.77 |
| 경북 | 0 | 0 | 3.19 | 2.25 | 2.90 |
| 광주 | 0 | 0 | 0 | 4.52 | 2.85 |
| 대구 | 0 | 0 | 1.99 | 7.19 | 10.51 |
| 대전 | 3.73 | 5.99 | 4.87 | 1.87 | 0.71 |
| 부산 | 2.10 | 2.02 | 3.08 | 5.53 | 5.72 |
| 수도권 | 0 | 0 | 23.71 | 0 | 0 |
| 울산 | 6.39 | 6.57 | 12.65 | 7.13 | 9.62 |
| 전남 | 1.35 | 0 | 6.98 | 5.45 | 7.55 |
| 전북 | 0 | 0 | 2.19 | 2.67 | 5.84 |
| 제주 | 0 | 1.32 | 6.43 | 5.82 | 6.42 |
| 충남 | 2.29 | 1.54 | 3.23 | 4.45 | 4.32 |
| 충북 | 0 | 0 | 1.58 | 4.13 | 5.86 |

**42** 다음 중 자료에 대한 설명으로 적절하지 않은 것은?

① 조사 기간 동안 다른 지역으로 유출된 예산의 비중의 합이 가장 적은 곳은 광주이다.
② 조사 기간 동안 단 한 번도 0%를 기록하지 못한 곳은 다섯 지역이다.
③ 2018년부터 부산의 유출된 예산 비중이 계속 상승하고 있다.
④ 조사 기간 동안 가장 높은 유출 예산 비중을 기록한 지역은 수도권이다.
⑤ 2021년에 전년 대비 가장 큰 폭으로 증가한 곳은 강원이다.

**43** 다음 중 2017년부터 2021년까지 유출된 예산 비중의 총합이 가장 큰 지역의 평균은?

① 약 7.7%  ② 약 8.2%
③ 약 8.7%  ④ 약 9.2%
⑤ 약 9.7%

**44** 다음 〈보기〉 중 올바른 설명을 모두 고르면?

――――〈보기〉――――

ㄱ. 2019 ~ 2021년 대전의 유출된 예산 비중은 전년 대비 계속 감소했다.

ㄴ. 지역별로 유출된 예산 비중의 총합이 가장 높은 해는 2020년이다.

ㄷ. 2019년 유출된 예산 비중이 전년 대비 1%p 이상 오르지 못한 곳은 총 네 지역이다.

ㄹ. 2017년 강원의 유출된 예산 비중은 2017년 다른 모든 지역의 비중의 합보다 높다.

① ㄱ, ㄴ      ② ㄱ, ㄹ

③ ㄴ, ㄹ      ④ ㄴ, ㄷ

⑤ ㄷ, ㄹ

**45** 다음과 같은 유통과정에서 상승한 최종 배추가격은 협동조합의 최초 구매가격 대비 몇 % 상승했는가?

| 판매처 | 구매처 | 판매가격 |
|---|---|---|
| 산지 | 협동조합 | 재배 원가에 10% 이윤을 붙임 |
| 협동조합 | 도매상 | 산지에서 구입가격에 20% 이윤을 붙임 |
| 도매상 | 소매상 | 협동조합으로부터 구입가격이 판매가의 80% |
| 소매상 | 소비자 | 도매상으로부터 구입가격에 20% 이윤을 붙임 |

① 98%      ② 80%

③ 78%      ④ 70%

⑤ 65%

**46** 다음은 같은 동아리에서 활동하는 두 학생의 대화 내용이다. 빈칸에 들어갈 가장 작은 수는?

효수 : 우리 동아리 회원끼리 뮤지컬 보러 갈까?

연지 : 그래, 정말 좋은 생각이다. 관람료는 얼마니?

효수 : 개인관람권은 10,000원이고, 30명 이상 단체는 15%를 할인해 준대!

연지 : 30명 미만이 간다면 개인관람권을 사야겠네?

효수 : 아니야, 잠깐만! 계산해 보면…….

    아하! ☐☐☐명 이상이면 단체관람권을 사는 것이 유리해!

① 25      ② 26

③ 27      ④ 28

⑤ 29

※ K공사는 임직원들의 체력증진과 단합행사 장소를 개선하기 위해 노후된 운동장 및 체육관 개선 공사를 실시하고자 입찰 공고를 하였다. 자료를 읽고 이어지는 질문에 답하시오. [47~48]

〈입찰 참여 건설사 정보〉

| 업체 | 최근 3년 이내 시공규모 | 기술력 평가 | 친환경 설비 도입비중 | 경영건전성 | 입찰가격 |
|---|---|---|---|---|---|
| A | 700억 원 | A등급 | 80% | 2등급 | 85억 원 |
| B | 250억 원 | B등급 | 72% | 1등급 | 78억 원 |
| C | 420억 원 | C등급 | 55% | 3등급 | 60억 원 |
| D | 1,020억 원 | A등급 | 45% | 1등급 | 70억 원 |
| E | 720억 원 | B등급 | 82% | 2등급 | 82억 원 |
| F | 810억 원 | C등급 | 61% | 1등급 | 65억 원 |

〈항목별 점수 산정 기준〉

• 기술력 평가, 친환경 설비 도입비중, 경영건전성은 등급 혹은 구간에 따라 점수로 환산하여 반영한다.
• 기술력 평가 등급별 점수(기술점수)

| 등급 | A등급 | B등급 | C등급 |
|---|---|---|---|
| 점수 | 30점 | 20점 | 15점 |

• 친환경 설비 도입비중별 점수(친환경점수)

| 친환경 설비 도입비중 | 90% 이상 100% 이하 | 75% 이상 90% 미만 | 60% 이상 75% 미만 | 60% 미만 |
|---|---|---|---|---|
| 점수 | 30점 | 25점 | 20점 | 15점 |

• 경영건전성 등급별 점수(경영점수)

| 등급 | 1등급 | 2등급 | 3등급 | 4등급 |
|---|---|---|---|---|
| 점수 | 30점 | 26점 | 22점 | 18점 |

**47** K공사는 다음의 선정 기준에 따라 시공업체를 선정하고자 한다. 다음 중 선정될 업체는?

〈운동장 및 체육관 개선 공사 시공업체 선정 기준〉

• 최근 3년 이내 시공규모가 500억 원 이상인 업체를 대상으로 선정한다.
• 입찰가격이 80억 원 미만인 업체를 대상으로 선정한다.
• 입찰점수는 기술점수, 친환경점수, 경영점수를 1 : 1 : 1의 가중치로 합산하여 산정한다.
• 입찰점수가 가장 높은 업체 1곳을 선정한다.

① A업체                    ② B업체
③ D업체                    ④ E업체
⑤ F업체

**48** K공사는 더 많은 업체의 입찰 참여를 위해 시공업체 선정 기준을 다음과 같이 변경하였다. 다음 중 선정될 업체는?

〈운동장 및 체육관 개선 공사 시공업체 선정 기준(개정)〉

• 최근 3년 이내 시공규모가 400억 원 이상인 업체를 대상으로 선정한다.
• 입찰가격을 다음과 같이 가격점수로 환산하여 반영한다.

| 입찰가격 | 60억 원 이하 | 60억 원 초과 70억 원 이하 | 70억 원 초과 80억 원 이하 | 80억 원 초과 |
|---|---|---|---|---|
| 점수 | 15점 | 12점 | 10점 | 8점 |

• 입찰점수는 기술점수, 친환경점수, 경영점수, 가격점수를 1 : 1 : 1 : 2의 가중치로 합산하여 산정한다.
• 입찰점수가 가장 높은 업체 1곳을 선정한다.

① A업체                    ② C업체
③ D업체                    ④ E업체
⑤ F업체

안심Touch

**49** 다음은 H기업의 재화 생산량에 따른 총 생산비용의 변화를 나타낸 자료이다. 다음 중 〈보기〉에서 옳은 설명을 모두 고르면?(단, 재화 1개당 가격은 7만 원이다)

| 생산량(개) | 0 | 1 | 2 | 3 | 4 | 5 |
|---|---|---|---|---|---|---|
| 총 생산비용(만 원) | 5 | 9 | 12 | 17 | 24 | 33 |

---
〈보기〉

ㄱ. 2개와 5개를 생산할 때의 이윤은 같다.
ㄴ. 이윤을 극대화할 수 있는 최대 생산량은 4개이다.
ㄷ. 4개에서 5개로 생산량을 증가시킬 때 이윤은 증가한다.
ㄹ. 1개를 생산하는 것보다 생산하지 않는 것이 손해가 적다.

---

① ㄱ, ㄴ
② ㄱ, ㄷ
③ ㄴ, ㄷ
④ ㄴ, ㄹ
⑤ ㄷ, ㄹ

**50** K공사는 직원들의 교양증진을 위해 사내 도서관에 도서를 추가로 구비하고자 한다. 새로 구매할 도서는 직원들을 대상으로 한 사전조사 결과를 바탕으로 결정한다. 다음 정보에 따라 추가로 구매할 도서를 선정할 때, 다음 중 최종 선정될 도서는?

**〈후보 도서 사전조사 결과〉**

| 도서명 | 저자 | 흥미도 점수 | 유익성 점수 |
|---|---|---|---|
| 재테크, 답은 있다 | 정우택 | 6 | 8 |
| 여행학개론 | W. George | 7 | 6 |
| 부장님의 서랍 | 김수권 | 6 | 7 |
| IT혁명의 시작 | 정인성, 유오진 | 5 | 8 |
| 경제정의론 | S. Collins | 4 | 5 |
| 건강제일주의 | 임시학 | 8 | 5 |

──〈조건〉──

- 공사는 전 직원들을 대상으로 후보 도서들에 대한 사전조사를 하였다. 각 후보 도서들에 대한 흥미도 점수와 유익성 점수는 전 직원들이 10점 만점으로 부여한 점수의 평균값이다.
- 흥미도 점수와 유익성 점수를 3 : 2의 가중치로 합산하여 1차 점수를 산정하고, 1차 점수가 높은 후보 도서 3개를 1차 선정한다.
- 1차 선정된 후보 도서 중 해외저자의 도서는 가점 1점을 부여하여 2차 점수를 산정한다.
- 2차 점수가 가장 높은 2개의 도서를 최종선정한다. 만일 선정된 후보 도서들의 2차 점수가 모두 동일한 경우, 유익성 점수가 가장 낮은 후보 도서는 탈락시킨다.

① 재테크, 답은 있다 / 여행학개론
② 재테크, 답은 있다 / 건강제일주의
③ 여행학개론 / 부장님의 서랍
④ 여행학개론 / 건강제일주의
⑤ IT혁명의 시작 / 건강제일주의

제1회 모의고사

안심Touch

www.sdedu.co.kr

# 2권

# 제2회
# 한국가스공사

# NCS
# 직업기초능력평가

www.sdedu.co.kr

〈문항 및 시험시간〉

| 평가영역 | 문항 수 | 시험시간 | 모바일<br>OMR 답안분석 |
|---|---|---|---|
| 의사소통능력＋수리능력＋문제해결능력<br>＋자원관리능력＋정보능력 | 50문항 | 60분 | |

# 제2회 모의고사

문항 수 : 50문항
시험시간 : 60분

---

**01** 다음 기사를 읽고, 이를 비판할 수 있는 주장으로 적절한 것은?

공작기계 업체에서 생산한 제품을 A/S해주는 사업으로 시작된 ○○A/S센터는 1인 기업부터 대기업까지 기계가 고장나면 업체를 방문하여 기계를 수리해주며 공작기계 및 부품 등을 판매하고 있다.

○○A/S센터는 운영비 중 대부분이 인건비로 나가고 있으며, 이로 인해 ○○A/S센터의 김 대표는 올해부터 최저임금이 대폭 인상된다는 소식에 걱정이 이만저만 아니었다. 그는 "일반 소상공인 업체들은 최저임금 인상으로 부담이 큽니다. 정부에서는 8시간 기준으로 1인당 15만 원 정도 오른다고 하지만, 저희 회사는 업무 특성상 특근을 해야 하기 때문에 8시간 기준으로 적용하기 힘들어 4대 보험료와 특근 등을 포함하면 1인당 약 30만 원이나 오르게 됩니다."라고 설명했다.

그러던 어느 날, 김 대표는 언론매체와 소상공인 지원센터를 통해 정부가 추진 중인 '일자리 안정자금' 지원 사업을 알게 됐다. 고스란히 부담해야 했던 인상된 임금을 일자리 안정자금으로 지원받게 된 것이다. 현재 ○○A/S센터의 일자리 안정자금 지원을 받는 직원은 모두 3명이다. 김 대표는 "직원 3명이 지원을 받는 덕에 각자 13만 원씩 매달 39만 원, 연 468만 원의 부담을 덜 수 있어 다행입니다."라고 웃으며 말했다.

최저임금 인상은 직원들의 만족도 향상으로 이어졌고, 더불어 일자리 안정자금 지원을 받게 되면서 회사 내 분위기도 달라졌다. 직원들이 최저임금 인상으로 업무 만족도가 높아져 한곳에 정착할 수 있다는 목표를 갖게 된 것이다. ○○A/S센터 직원 최씨는 "이곳에 잘 정착해 중요한 역할을 맡고 싶습니다. 직원의 입장에서는 한곳에 정착할 수 있어 좋고, 사장님 입장에서도 직원이 자주 바뀌지 않아 업무의 효율성을 높일 수 있어 상생할 수 있다고 생각합니다."라고 말했다. 김 대표도 일자리 안정자금을 지원받은 이후 직원들과 꾸준히 같이 일할 수 있어 좋아했다. 그는 "직원이 안정되어야 경영도 안정될 수 있습니다."라며 다른 소상공인들도 일자리 안정자금 지원을 받을 것을 추천했다. 김 대표는 "소상공인들이 최저임금 인상으로 인해 힘들 텐데 일자리 안정자금을 신청해서 조금이나마 경영에 도움이 되길 바랍니다."라며 정부에서 지원하는 정책들을 찾아보고 도움을 받기를 바란다고 대답했다.

① 일자리 안정자금은 국회의 법안들을 심의하는 과정에 충분한 논의가 이루어지지 않았다.
② 우리 사회에 가장 적합한 최저임금 제도에 대한 국민의 공감대가 형성이 되지 않았다.
③ 영세기업과 소상공인의 어려운 경영 여건과 지불 능력을 고려하지 않고 최저임금을 책정했다.
④ 최저임금 인상률을 책정할 때 사업의 업종·지역·규모별 구분을 적용하지 않았다.
⑤ 일자리 안정자금이 지원되더라도 최저인금 인상률을 충당할 수 없는 영세기업들이 많다.

---

**02** 다음 중 밑줄에서 설명하는 '이 사업'은 무엇인가?

> 시민들의 휴식처도 늘어나고, 치수가 되어 홍수 피해도 줄어들 것으로 예상한다. 뿐만 아니라 14조 원을 들여서 정부에서 야심차게 기획한 대형 사업이니만큼 녹색 성장과 한국식 뉴딜의 발판이 될 수 있을 것으로 보인다. 그러나 이 사업이 상당히 부실하다는 비판도 끊이지 않으며, 녹색 성장을 목표로 하고 시작한 사업이 오히려 환경을 파괴할 수 있다는 의견도 이어지고 있다. 이 사업이 결과적으로 어떤 결과를 불러오게 될지는 냉정한 판단을 통해 파악해야 할 것이다.

① 4대강 사업
② 마셜 계획
③ 평화의 댐 건설
④ 세계디자인수도 사업
⑤ 친환경 그린에너지

**03** 다음 글의 주제로 가장 적절한 것은?

> 표준화된 언어는 의사소통을 효과적으로 하기 위하여 의도적으로 선택해야 할 공용어로서의 가치가 있다. 반면에 방언은 지역이나 계층의 언어와 문화를 보존하고 드러냄으로써 국가 전체의 언어와 문화를 다양하게 발전시키는 토대로서의 가치가 있다. 이러한 의미에서 표준화된 언어와 방언은 상호 보완적인 관계에 있다. 표준화된 언어가 있기에 정확한 의사소통이 가능하며, 방언이 있기에 개인의 언어생활에서나 언어 예술 활동에서 자유롭고 창의적인 표현이 가능하다. 결국 우리는 표준화된 언어와 방언 둘 다의 가치를 인정해야 하며, 발화(發話) 상황(狀況)을 잘 고려해서 표준화된 언어와 방언을 잘 가려서 사용할 줄 아는 능력을 길러야 한다.

① 창의적인 예술 활동에서는 방언의 기능이 중요하다.
② 표준화된 언어와 방언에는 각각 독자적인 가치와 역할이 있다.
③ 정확한 의사소통을 위해서는 표준화된 언어가 꼭 필요하다.
④ 표준화된 언어와 방언을 구분할 줄 아는 능력을 길러야 한다.
⑤ 표준화된 언어는 방언보다 효용가치가 있다.

안심Touch

**04** 다음 밑줄 친 문구를 수정한 것으로 적절하지 않은 것은?

- A : 지속가능보고서를 2007년 창간 이래 <u>매년 발간에 의해</u> 이해 관계자와의 소통이 좋아졌다.
- B : 2012년부터 시행되는 신재생에너지 공급의무제는 회사의 <u>주요 리스크로</u> 이를 기회로 승화시키기 위한 노력을 하고 있다.
- C : 전력은 필수적인 에너지원이므로 과도한 사용을 <u>삼가야 한다</u>.
- D : <u>녹색 기술 연구 개발 투자 확대</u> 및 녹색 생활 실천 프로그램을 시행하여 온실가스 감축에 전 직원의 역량을 결집하고 있다.
- E : 녹색경영위원회를 설치하여 전문가들과 함께하는 토론을 주기적으로 하고 있으며, 내·외부 <u>전문가의 의견 자문을 구하고 있다</u>.

① A : '매년 발간에 의해'가 어색하므로 문맥에 맞게 '매년 발간함으로써'로 고친다.
② B : '주요 리스크로'는 조사의 쓰임이 어울리지 않으므로, '주요 리스크이지만'으로 고친다.
③ C : '삼가야 한다.'는 어법상 맞지 않으므로 '삼가해야 한다.'로 고친다.
④ D : '및'의 앞은 명사구로 되어 있고 뒤는 절로 되어 있어 구조가 대등하지 않으므로, 앞부분을 '녹색 기술 연구 개발에 대한 투자를 확대하고'로 고친다.
⑤ E : '전문가의 의견 자문을 구하고 있다.'는 어법에 맞지 않으므로, '전문가들에게 자문하고 있다.'로 고친다.

**05** 다음 글의 제목으로 가장 적절한 것은?

주어진 개념에 포섭시킬 수 없는 대상(의 표상)을 만난 경우, 처음에 상상력은 기지의 보편에 포섭시킬 수 있도록 직관의 다양을 종합할 것이다. 말하자면 뉴턴의 절대 공간, 역학의 법칙 등의 개념(보편)과 자신이 가지고 있는 특수(빛의 휘어짐)가 일치하는가, 조화로운가를 비교할 것이다. 하지만 일치되는 것이 없으므로, 상상력은 또 다시 여행을 떠난다. 즉 새로운 형태의 다양한 종합 활동을 수행해 볼 것이다. 이것은 미지의 세계로 향한 여행이다. 그리고 이 여행에는 주어진 목적지가 없기 때문에 자유롭다.
이런 자유로운 여행을 통해 예들 들어 상대 공간, 상대 시간, 공간의 만곡, 상대성 이론이라는 새로운 개념들을 가능하게 하는 새로운 도식들을 산출한다면, 그 여행은 종결될 것이다. 여기서 우리는 왜 칸트가 상상력의 자유로운 유희라는 표현을 사용하는지 이해할 수 있게 된다. '상상력의 자유로운 유희'란 이렇게 정해진 개념이나 목적이 없는 상황에서 상상력이 그 개념이나 목적을 찾는 과정을 의미한다고 볼 수 있다. 이는 게임이다. 그리고 그 게임에 있어서 반드시 성취해야 할 그 어떤 것이 없다면, 순수한 놀이(유희)가 성립할 수 있을 것이다.

– 칸트 「판단력비판」

① 상상력의 재발견
② 인식능력으로서의 상상력
③ 목적 없는 상상력의 활동
④ 자유로운 유희로서의 상상력의 역할
⑤ 과학적 발견의 원동력으로서의 상상력

**06** 다음 글의 논지 전개 방식으로 가장 적절한 것은?

고객은 제품의 품질에 대해 나름의 욕구를 가지고 있다. 카노는 품질에 대한 고객의 욕구와 만족도를 설명하는 모형을 개발하였다. 카노는 일반적으로 고객이 세 가지 욕구를 가지고 있다고 하였다. 그는 그것을 각각 기본적 욕구, 정상적 욕구, 감동적 욕구라고 지칭했다.

기본적 욕구는 고객이 가지고 있는 가장 낮은 단계의 욕구로서, 그들이 구매하는 제품이나 서비스에 당연히 포함되어 있을 것으로 기대되는 특성들이다. 만약 이런 특성들이 제품이나 서비스에 결여되어 있다면, 고객은 예외 없이 크게 불만족스러워 한다. 그러나 기본적 욕구가 충족되었다고 해서 고객이 만족감을 느끼는 것은 아니다. 정상적 욕구는 고객이 직접 요구하는 욕구로서, 이 욕구가 충족되지 못하면 고객은 불만족스러워 한다. 그러나 이 욕구가 충족되면 될수록, 고객은 만족을 더 많이 느끼게 된다.

감동적 욕구는 고객이 지니고 있는 가장 높은 단계의 욕구로서, 고객이 기대하지는 않는 욕구이다. 감동적 욕구가 충족되면 고객은 큰 감동을 느끼지만, 충족되지 않아도 상관없다고 생각한다. 카노는 이러한 고객의 욕구를 확인하기 위해 설문지 조사법을 제안하였다.

세 가지 욕구와 관련하여 고객이 식당에 가는 상황을 생각해 보자. 의자와 식탁이 당연히 깨끗해야 한다고 생각하는 고객은 의자와 식탁이 깨끗하다고 해서 만족감을 느끼지는 않는다. 그러나 그렇지 않으면 그 고객은 크게 불만족스러워 한다. 한편 식탁의 크기가 적당해야 만족감을 느끼는 고객은 식탁이 좁으면 불만족스러워 한다. 그러나 자신의 요구로 식탁의 크기가 적당해지면 고객의 만족도는 높아진다. 여기에 더해 식탁 위에 장미가 놓여 있으면 좋겠다고 생각하는 고객이 실제로 식탁 위에 장미가 놓여 있는 것을 보면, 단순한 만족 이상의 감동을 느낀다. 그러나 이런 것이 없다고 해서 그 고객이 불만족스러워 하지는 않는다.

제품이나 서비스에 대한 고객의 기대가 항상 고정적이지는 않다. 고객의 기대는 시간이 지남에 따라 바뀐다. 즉, 감동적 욕구를 충족시킨 제품이나 서비스의 특성은 시간이 지나면 정상적 욕구를 충족시키는 특성으로, 시간이 더 지나면 기본적 욕구만을 충족시키는 특성으로 바뀐다. 또한 고객의 욕구는 일정한 단계를 지닌다. 고객의 기본적 욕구를 충족시키지 못하는 제품은 고객의 정상적 욕구를 절대로 충족시킬 수 없다. 마찬가지로 고객의 정상적 욕구를 충족시키지 못하는 제품은 고객의 감동적 욕구를 충족시킬 수 없다.

① 구체적인 사례를 들어 독자의 이해를 돕고 있다.
② 대상의 변화 과정과 그것의 문제점을 언급하고 있다.
③ 화제와 관련한 질문을 통해 독자의 관심을 환기하고 있다.
④ 개념 사이의 장단점을 비교하여 차이점을 부각하고 있다.
⑤ 이론이 등장하게 된 사회적 배경을 구체적으로 소개하고 있다.

**07** 다음 글에서 추론할 수 있는 것은?

조선이 임진왜란 중 필사적으로 보존하고자 한 서적은 바로 조선왕조실록이다. 실록은 원래 서울의 춘추관과 성주·충주·전주 4곳의 사고(史庫)에 보관되었으나, 임진왜란 이후 전주 사고의 실록만 온전한 상태였다. 전란이 끝난 후 단 1벌 남은 실록을 다시 여러 벌 등서하자는 주장이 제기되었다. 우여곡절 끝에 실록 인쇄가 끝난 것은 1606년이었다. 재인쇄 작업의 결과 원본을 포함해 모두 5벌의 실록을 갖추게 되었다. 원본은 강화도 마니산에 봉안하고 나머지 4벌은 서울의 춘추관과 평안도 묘향산, 강원도의 태백산과 오대산에 봉안했다.

이 5벌 중에서 서울 춘추관의 것은 1624년 이괄의 난 때 불에 타 없어졌고, 묘향산의 것은 1633년 후금과의 관계가 악화되자 전라도 무주의 적상산에 사고를 새로 지어 옮겼다. 강화도 마니산의 것은 1636년 병자호란 때 청군에 의해 일부 훼손되었던 것을 현종 때 보수하여 숙종 때 강화도 정족산에 다시 봉안했다. 결국 내란과 외적 침입으로 인해 5곳 가운데 1곳의 실록은 소실되었고, 1곳의 실록은 장소를 옮겼으며, 1곳의 실록은 손상을 입었던 것이다.

정족산, 태백산, 적상산, 오대산 4곳의 실록은 그 후 안전하게 지켜졌다. 그러나 일본이 다시 여기에 손을 대었다. 1910년 조선 강점 이후 일제는 정족산과 태백산에 있던 실록을 조선총독부로 이관하고 적상산의 실록은 구황궁 장서각으로 옮겼으며 오대산의 실록은 일본 동경제국대학으로 반출했다. 일본으로 반출한 것은 1923년 관동대지진 때 거의 소실되었다. 정족산과 태백산의 실록은 1930년에 경성제국대학으로 옮겨져 지금까지 서울대학교에 보존되어 있다. 한편 장서각의 실록은 6·25전쟁 때 북으로 옮겨져 현재 김일성종합대학에 소장되어 있다.

① 재인쇄하였던 실록은 모두 5벌이다.
② 태백산에 보관하였던 실록은 현재 일본에 있다.
③ 현재 한반도에 남아 있는 실록은 모두 4벌이다.
④ 적상산에 보관하였던 실록은 일부가 훼손되었다.
⑤ 현존하는 가장 오래된 실록은 서울대학교에 있다.

**08** 다음 설명에 해당하는 차트는 무엇인가?

• 데이터 계열이 하나만 있으므로 축이 없다.
• 차트의 조각은 사용자가 직접 분리할 수 있다.
• 차트에서 첫째 조각의 각을 '0 ~ 360°' 사이의 값을 이용하여 회전시킬 수 있다.

① 영역형 차트　　　　　　　　② 분산형 차트
③ 꺾은선형 차트　　　　　　　④ 원형 차트
⑤ 표면형 차트

**09** 다음 〈보기〉 중 Windows 환경에서 파일탐색기 사용 시 '이전 폴더 보기' 기능을 수행하는 키 조합으로 옳은 것을 모두 고르면?

───────────〈보기〉───────────
ㄱ. [Alt]+[P]                    ㄴ. [Alt]+[오른쪽 화살표]
ㄷ. [Alt]+[왼쪽 화살표]          ㄹ. 백스페이스

① ㄱ, ㄴ                        ② ㄱ, ㄷ
③ ㄴ, ㄷ                        ④ ㄴ, ㄹ
⑤ ㄷ, ㄹ

**10** 다음 글의 중심 내용으로 가장 적절한 것은?

> 청소년보호법 유해매체물 심의 기준에 '동성애' 조항이 포함된 것은 동성애자의 평등권 침해라는 항의에 대하여, 위원회 쪽은 아직 판단력이 부족한 청소년들에게 균형 잡힌 정보를 제공해야 하므로 동성애를 상대적으로 우월하거나 바람직한 것으로 인식하게 할 우려가 있는 매체물을 단속하기 위함일 뿐, 결코 동성애를 성적 지향의 하나로 존중하지 않는 건 아니라고 주장했다. 일견 그럴싸하게 들리지만 이것이 정말 평등일까? 동성애를 조장하는 매체물을 단속한다는 명목은 이성애를 조장하는 매체물이란 개념으론 연결되지 않는다. 애초에 이성애주의에 기반을 두어 만들어진 규칙의 적용이 결코 평등일 순 없다.

① 청소년보호법 유해매체물 심의 기준은 동성애자에 대한 차별을 내포하고 있다.
② 청소년보호법은 청소년들의 자유로운 매체물 선택을 제한한다.
③ 청소년은 동성애에 대해 중립적인 시각을 갖기 어려울 것이다.
④ 청소년에게 동성애를 이성애와 차별하지 않도록 교육할 필요가 있다.
⑤ 동성애에 기반을 두어 규칙을 만들면 동성애보다 이성애를 존중하기 때문이다.

안심Touch

| 관람시간 | 10:00 ~ 17:00 |
|---|---|
| 입장요금 | 무료 |
| 관람소요시간 | 약 1시간 |
| 예약 | • 에너지월드 관람은 사전 예약이 필요하며, 20인 이상 단체관람의 경우 예약은 필수입니다.<br>• 신청시간 단위당 최대예약 가능 인원은 40명입니다.<br>• 예약 없이 오시는 개인관람객의 경우에는 자유 관람이 가능합니다. |
| 예약시간 | 오전 10시부터 30분 단위로 예약 가능 |
| 휴관 | 매주 일요일, 신정, 설날 연휴, 추석 연휴, 근로자의 날 |
| 주차시설 | 대형버스 5대 및 일반차량 63대 동시 주차 가능(무료) |
| 사진촬영 | 전시관 실내 사진촬영 가능(전시관 실외는 일부 사진촬영이 제한되는 곳이 있습니다) |
| 안내자 휴식시간 | 12:00 ~ 13:00은 점심시간입니다. 점심시간에는 전시관의 입장이 불가하고, 미리 오신 분들께서는 에너지월드 내·외부 공간에서 자유롭게 휴식하실 수 있습니다. |
| 관람 시 유의사항 | • 본 시설은 국가보안목표시설 '나'급 시설로「국가보안목표관리지침」제9조 및 제11조에 의거하여 신원확인 및 방문증 발급 등 에너지월드 방문을 위한 본부 출입 절차가 까다로울 수 있으니 이 점 양지하여 주시기 바랍니다.<br>• 에너지월드 내의 모든 공간은 금연입니다.<br>• 전시관 내부의 음식물 반입과 안내견 이외의 애완동물 출입은 금지되어 있습니다.<br>• 전시실 입장 전 다른 관람객을 위해 휴대전화는 진동으로 전환해 주시기 바랍니다.<br>• 체험전시물을 제외한 전시물은 눈으로 감상해 주시기 바랍니다. |

**11** 다음 중 관람 안내문의 내용으로 적절하지 않은 것은?

① 관람료는 무료이다.
② 단체관람객은 예약을 해야만 입장할 수 있다.
③ 30분 단위로 예약이 가능하다.
④ 주말, 신정, 명절 연휴, 근로자의 날에는 휴관한다.
⑤ 전시관 실내에서 자유롭게 사진 촬영이 가능하다.

**12** 다음 중 S에너지월드를 방문하기에 부적절한 학생은?

① 토요일 오전 10시 정각에 개인관람객으로 입장하려는 수민
② 장애인 안내견을 동반한 다연
③ 카메라로 전시관 실내를 촬영하는 수현
④ 학급 대표로 37명의 단체 관람을 예약해 입장하려는 지호
⑤ 정오에 관람하러 간 슬기

**13** 다음 글의 제목으로 가장 적절한 것은?

우리 고유의 발효식품이자 한식 제1의 반찬인 김치는 천년이 넘는 역사를 함께해 온 우리 삶의 일부이다. 채소를 오래 보관하여 먹기 위한 절임 음식으로 시작된 김치는 양념을 버무리고 숙성시키는 우리만의 발효과학 식품으로 변신하였고, 김장은 우리 민족의 가장 중요한 행사 중 하나가 되었다. 다른 나라에도 소금 등에 채소를 절인 절임음식이 존재하지만, 절임 후 양념으로 2차 발효시키는 음식으로는 우리 김치가 유일하다. 김치는 발효과정을 통해 원재료보다 영양이 한층 더 풍부하게 변신하며, 암과 노화, 비만 등의 예방과 억제에 효과적인 기능성을 보유한 슈퍼 발효 음식으로 탄생한다.

김치는 지역마다, 철마다, 또 특별한 의미를 담아 다양하게 변신하여 300가지가 넘는 종류로 탄생하는데, 기후와 지역 등에 따라서 다채로운 맛을 담은 김치들이 있으며, 주재료로 채소뿐만 아니라 수산물이나 육류를 이용한 독특한 김치도 있고, 같은 김치라도 사람에 따라 특별한 김치로 재탄생되기도 한다. 지역과 집안마다 저마다의 비법으로 담그기 때문에 유서 깊은 종가마다 독특한 비법으로 만든 특별한 김치가 전해오며, 김치를 담그고 먹는 일도 수행의 연속이라 여기는 사찰에서는 오신채를 사용하지 않은 특별한 김치가 존재한다.

우리 문화의 정수이자 자존심인 김치는 현대에 들어서는 문화와 전통이 결합한 복합 산업으로 펼쳐지고 있다. 김치에 들어가는 수많은 재료의 생산에 관련된 산업의 생산액은 3.3조 원이 넘으며, 주로 배추김치로 형성된 김치 생산은 약 2.3조 원의 시장을 형성하고 있고, 시판 김치의 경우 대기업의 시장 주도력이 증가하고 있다. 소비자 요구에 맞춘 다양한 포장 김치가 등장하고, 김치냉장고는 1.1조 원의 시장을 형성하고 있다. 또한 정성과 기다림을 상징하는 김치는 문화산업의 소재로 활용되며, 김치 문화는 관광 관련 산업으로 활성화되고 있다. 김치의 영양 기능성과 김치 유산균을 활용한 여러 기능성 제품이 개발되고, 부식뿐 아니라 새로운 요리의 식재료로서 김치는 39조 원의 외식산업 시장을 뒷받침하고 있다.

① 김치의 탄생
② 김치산업의 활성화 방안
③ 우리 민족의 축제, 김장
④ 지역마다 다양한 종류의 김치
⑤ 우리 민족의 전통이자 자존심, 김치

**14** 다음 글의 주장에 대한 비판으로 가장 적절한 것은?

> 저작권은 저자의 권익을 보호함으로써 활발한 저작 활동을 촉진하여 인류의 문화 발전에 기여하기 위한 권리이다. 그러나 이렇게 공적 이익을 추구하기 위한 저작권이 현실에서는 일반적으로 지나치게 사적 재산권을 행사하는 도구로 인식되고 있다. 저작물 이용자들의 권리를 보호하기 위해 마련한 공익적 성격의 법조항 또한 법적 분쟁에서는 항상 사적 재산권의 논리에 밀려 왔다.
>
> 저작권 소유자 중심의 저작권 논리는 실제로 저작권이 담당해야 할 사회적 공유를 통한 문화 발전을 방해한다. 몇 해 전의 '애국가 저작권'에 대한 논란은 이러한 문제를 단적으로 보여준다. 저자 사후 50년 동안 적용되는 국내 저작권법에 따라, 애국가가 포함된 〈한국 환상곡〉의 저작권이 작곡가 안익태의 유족들에게 2015년까지 주어진다는 사실이 언론을 통해 알려진 것이다. 누구나 자유롭게 이용할 수 있는 국가(國歌)마저 공공재가 아닌 개인 소유라는 사실에 많은 사람들이 놀랐다.
>
> 창작은 백지 상태에서 완전히 새로운 것을 만드는 것이 아니라 저작자와 인류가 쌓은 지식 간의 상호 작용을 통해 이루어진다. "내가 남들보다 조금 더 멀리 보고 있다면, 이는 내가 거인의 어깨 위에 올라서 있는 난쟁이이기 때문"이라는 뉴턴의 겸손은 바로 이를 말한다. 이렇듯 창작자의 저작물은 인류의 지적 자원에서 영감을 얻은 결과이다. 그러한 저작물을 다시 인류에게 되돌려 주는 데 저작권의 의의가 있다. 이러한 생각은 이미 1960년대 프랑스 철학자들에 의해 형성되었다. 예컨대 기호학자인 바르트는 '저자의 죽음'을 거론하면서 저자가 만들어 내는 텍스트는 단지 인용의 조합일 뿐 어디에도 '오리지널'은 존재하지 않는다고 단언한다.
>
> 전자 복제 기술의 발전과 디지털 혁명은 정보나 자료의 공유가 지니는 의의를 잘 보여주고 있다. 인터넷과 같은 매체 환경의 변화는 원본을 무한히 복제하고 자유롭게 이용함으로써 누구나 창작의 주체로서 새로운 문화 창조에 기여할 수 있도록 돕는다. 인터넷 환경에서 이용자는 저작물을 자유롭게 교환할 뿐 아니라 수많은 사람들과 생각을 나눔으로써 새로운 창작물을 생산하고 있다. 이러한 상황은 저작권을 사적 재산권의 측면에서보다는 공익적 측면에서 바라볼 필요가 있음을 보여준다.

① 저작권의 사회적 공유에 대해 일관성 없는 주장을 하고 있다.
② 저작물이 개인의 지적·정신적 창조물임을 과소평가하고 있다.
③ 저작권의 사적 보호가 초래한 사회적 문제의 사례가 적절하지 않다.
④ 인터넷이 저작권의 사회적 공유에 미치는 영향을 드러내지 못하고 있다.
⑤ 객관적인 사실을 제시하지 않고 추측에 근거하여 논리를 전개하고 있다.

**15** 다음 글을 읽고 추론할 수 있는 내용으로 적절한 것은?

> 10월 9일은 한글을 창제해서 세상에 펴낸 것을 기념하고, 한글의 우수성을 기리기 위한 국경일이다. 한글은 인류가 사용하는 문자 중에서 창제자와 창제연도가 명확히 밝혀진 문자임은 물론, 체계적이고 과학적인 원리로 어린아이도 배우기 쉬운 문자이다. 한글의 우수성은 한자나 영어와 비교해 봐도 쉽게 알 수 있다. 기본적인 생활을 하기 위해서 3,000자에서 5,000자 정도의 수많은 문자의 모양과 의미를 외워야 하는 표의문자인 한자와는 달리, 한글은 소리를 나타내는 표음문자이기 때문에 24개의 문자만 익히면 쉽게 조합하여 학습할 수 있다.
>
> 한글의 이러한 과학적인 부분은 실제로 세계 학자들 사이에서도 찬탄을 받는다. 한글이 세계 언어학계에 본격적으로 알려진 것은 1960년대이다. 영국의 저명한 언어학자인 샘프슨(G. Sampson) 교수는 '한글은 세계에서 과학적인 원리로 창제된 가장 훌륭한 글자'라고 평가한다. 그는 특히 '발성 기관이 소리를 내는 모습을 따라 체계적으로 창제된 점이 과학적이며 문자 자체가 소리의 특징을 반영했다는 점이 놀랍다.'라고 평가한다. 동아시아 역사가 라이샤워(O. Reichauer)도 '한글은 전적으로 독창적이고 놀라운 음소문자로, 세계 어떤 나라의 일상 문자에서도 볼 수 없는 가장 과학적인 표기 체계이다.'라고 찬탄하고 있으며, 미국의 다이아몬드(J. Diamond) 교수 역시 '세종이 만든 28자는 세계에서 가장 훌륭한 알파벳이자, 가장 과학적인 표기법 체계'라고 평가한다.
>
> 이러한 점을 반영하여 유네스코에서는 훈민정음해례본을 기록유산으로 등록함은 물론, 세계적으로 문맹 퇴치에 이바지한 사람에게 '세종대왕'의 이름을 붙인 상을 주고 있다. 이처럼 세계적으로 인정받는 우리의 독창적이고 고유한 글자인 '한글'에 대해 우리는 더욱더 큰 자긍심을 느껴야 할 것이다.

① 영국의 저명한 언어학자인 샘프슨(G. Sampson) 교수는 '세종이 만든 28자는 세계에서 가장 훌륭한 알파벳'이라고 평가했다.

② 한글은 소리를 나타내는 표음문자이기 때문에 한자와 달리 문자를 따로 익힐 필요는 없다.

③ 세계적으로 문맹 퇴치에 이바지한 사람에게 유네스코에서 '세종대왕 상'을 수여하는 이유는 한글 창제에 담긴 세종대왕의 정신을 기리기 위함일 것이다.

④ 한글을 배우기 위해서는 문자의 모양과 의미를 외워야 한다.

⑤ 한글이 세계 언어학계에 본격적으로 알려진 것은 1970년대로 샘프슨(G. Sampson) 교수, 동아시아 역사가 라이샤워(O. Reichauer) 등의 저명한 학자들로부터 찬탄을 받았다.

민화는 매우 자유분방한 화법을 구사한다. 민화는 본(本)에 따라 그리는 그림이기 때문에 전부가 비슷할 것이라고 생각하기 쉽다. 그러나 실상은 그 반대로 같은 주제이면서 똑같은 그림은 없다. 왜냐하면 양반처럼 제약받아야 할 사상이나 규범이 현저하게 약한 민중들은 얼마든지 자기 취향대로 생략하고 과장해서 그림을 그릴 수 있었기 때문이다.

민화의 자유분방함은 공간 구성법에서도 발견된다. 많은 경우 민화에는 공간을 묘사하는 데 좌우·상하·고저가 분명한 일관된 작법이 없다. 사실 중국이 중심이 된 동북아시아에서 통용되던 전형적인 화법은 한 시점에서 바라보고 그 원근에 따라 일관되게 그리는 것이 아니라 이른바 삼원법(三遠法)에 따라 다각도에서 그리는 것이다. ( ㉠ ) 민화에서는 대상을 바라보는 시각이 이보다 더 자유롭다. 그렇다고 민화에 나타난 화법에 전혀 원리가 없다고는 할 수 없다. 민화에서는 종종 그리려는 대상을 한층 더 완전하게 표현하기 위해 그 대상의 여러 면을 화면에 동시에 그려 놓는다. 그런 까닭에 민화의 화법은 서양의 입체파들이 사용하는 화법과 비교되기도 한다. 가령 김홍도의 맹호도를 흉내 내 그린 듯한 민화의 경우처럼 호랑이의 앞면과 옆면을 동시에 그려 놓은 예나, 책거리 그림의 경우처럼 겉과 속, 왼쪽과 오른쪽을 동시에 그려 놓은 것이 그 예에 속한다. 민화의 화가들은 객관적으로 보이는 현실을 무시하고 자신의 의도에 따라 표현하고 싶은 것을 마음대로 표현해 버린 것이다. 그러니까 밖에 주어진 현실에 종속되기보다는 자신의 자유로운 판단을 더 믿은 것이다.

같은 맥락에서 볼 때 민화에서 가장 이해하기 힘든 화법은 아마 역원근법일 것이다. 이 화법은 책거리에 많이 나오는 것으로 앞면을 작고 좁게 그리고 뒷면을 크고 넓게 그리는 화법인데, 이는 그리려는 대상의 모든 면, 특히 물체의 왼쪽 면과 오른쪽 면을 동시에 표현하려는 욕심에서 나온 화법으로 판단된다. 이런 작법을 통해 우리는 당시의 민중들이 자신들의 천진하고 자유분방한 사고방식을 스스럼없이 표현할 수 있을 정도로 사회적 여건이 성숙되었음을 알 수 있다. ( ㉡ ) 이것은 19세기에 농상(農商)의 경제 체제의 변화나 신분 질서의 와해 등으로 기존의 기층민들이 자기를 표현할 수 있는 경제적·신분적 근거가 확고하게 되었음을 의미한다.

민중들의 자유분방함이 표현된 민화에는 화법적인 것 말고도 내용 면에서도 억압에서 벗어나려는 해방의 염원이 실려 있다. 민화가 농도 짙은 해학을 깔면서도 그러한 웃음을 통해 당시 부조리한 현실을 풍자했다는 것은 잘 알려진 사실이다. 호랑이 그림에서 까치나 토끼는 서민을, 호랑이는 권력자나 양반을 상징한다. 즉, 까치나 토끼가 호랑이에게 면박을 주는 그림을 통해 서민이 양반들에게 면박을 주고 싶은 마음을 표현하고 있다. 이 모두가 민중들의 신장된 힘 혹은 표현력을 나타낸다.

**16** 다음 중 ㉠, ㉡에 들어갈 접속어로 알맞은 것은?

|  | ㉠ | ㉡ |
|---|---|---|
| ① | 그러므로 | 따라서 |
| ② | 그런데 | 즉 |
| ③ | 따라서 | 즉 |
| ④ | 그러므로 | 그런데 |
| ⑤ | 그런데 | 한편 |

**17** 다음 중 글의 내용으로 가장 적절한 것은?

① 민화는 일정한 화법이나 원리가 존재하지 않는 것이 특징이다.

② 민화와 서양의 입체파 화법이 닮은 것은 둘 다 서민층의 성장을 배경으로 하고 있기 때문이다.

③ 민화는 화법이나 내용면에서 모두 신분 상승의 염원을 드러내고 있다.

④ 삼원법은 민화와 달리 한 시점에서 원근에 따라 일관되게 그리는 것이 특징이다.

⑤ 민화의 화가들은 객관적인 현실보다 자신의 내면의 목소리에 더 귀를 기울였다.

**18** 다음 글의 주장에 대한 비판으로 가장 적절한 것은?

> 고전주의 범죄학은 법적 규정 없이 시행됐던 지배 세력의 불합리한 형벌 제도를 비판하며 18세기 중반에 등장했다. 고전주의 범죄학에서는 범죄를 포함한 인간의 모든 행위는 자유 의지에 입각한 합리적 판단에 따라 이루어지므로 범죄에 비례해 형벌을 부과할 경우 개인의 합리적 선택에 의해 범죄가 억제될 수 있다고 보았다. 고전주의 범죄학의 대표자인 베카리아는 형벌은 법으로 규정해야 하고, 그 법은 누구나 이해할 수 있도록 문서로 만들어야 한다고 강조했다. 또한 형벌의 목적은 사회 구성원에 대한 범죄 행위의 예방이며, 따라서 범죄를 저지를 경우 누구나 법에 의해 확실히 처벌받을 것이라는 두려움이 범죄를 억제할 것이라고 확신했다. 이러한 고전주의 범죄학의 주장은 각 국가의 범죄 및 범죄자에 대한 입법과 정책에 많은 영향을 끼쳤다.

① 사회 구성원들의 합의가 이루어진 형벌 제도라면 인간의 합리적 판단에 따라 범죄 행위를 예방할 수 있다.

② 범죄에 대한 인간의 행위를 규제할 수 있는, 보다 강력한 법적인 구속력이 필요하다.

③ 범죄를 효과적으로 제지하기 위해서는 엄격하고 확실한 처벌이 신속하게 이루어져야 한다.

④ 인간은 욕구 충족이나 문제 해결을 위한 방법으로 범죄 행위를 선택할 수 있으므로 모든 법적 책임은 범죄인에게 있다.

⑤ 사회가 혼란한 시기에 범죄율과 재범률이 급격하게 증가하는 것을 보면 범죄는 개인의 자유 의지로 통제할 수 없다.

**19** K공사에서 2박 3일로 신입사원 OT 행사를 하기로 하였다. 김 대리는 신입사원에게 할당된 방에 신입사원을 배정하는 업무를 맡았다. 아래 결과를 참고할 때 신입사원에게 주어진 방은 몇 개인가?

> • 4명씩 방을 배정하면 12명이 방 배정을 못 받는다.
> • 6명씩 방을 배정하면 방이 2개가 남는다.

① 12개      ② 14개
③ 16개      ④ 24개
⑤ 26개

**20** [A1:A2] 영역을 선택한 후 채우기 핸들을 아래쪽으로 드래그했을 때 [A5] 셀에 입력될 값으로 옳은 것은?

| A1 | ▼ | $f_x$ | 월요일 | | |
|---|---|---|---|---|---|
| | A | B | C | D | E |
| 1 | 월요일 | | | | |
| 2 | 수요일 | | | | |
| 3 | | | | | |
| 4 | | | | | |
| 5 | | | | | |

① 월요일      ② 화요일
③ 수요일      ④ 금요일
⑤ 목요일

**21** 다음 중 엑셀의 틀 고정 및 창 나누기에 대한 설명으로 옳지 않은 것은?

① 화면에 나타나는 창 나누기 형태는 인쇄 시 적용되지 않는다.
② 창 나누기를 수행하면 셀 포인터의 오른쪽과 아래쪽으로 창 구분선이 표시된다.
③ 창 나누기는 셀 포인터의 위치에 따라 수직, 수평, 수직·수평 분할이 가능하다.
④ 첫 행을 고정하려면 셀 포인터의 위치에 상관없이 [틀 고정] – [첫 행 고정]을 선택한다.
⑤ 셀 편집 모드에 있거나 워크시트가 보호된 경우에는 틀 고정 명령을 사용할 수 없다.

※ 다음은 2019 ~ 2021년 한국의 스포츠 관련 비용의 통계자료이다. 이어지는 질문에 답하시오. [22~23]

<한국의 스포츠 관련 비용>

| 구분 | 2019년 | | 2020년 | | 2021년 | |
|---|---|---|---|---|---|---|
| | 규모(억 원) | 비율(%) | 규모(억 원) | 비율(%) | 규모(억 원) | 비율(%) |
| 스포츠용품 소비 | 23,090 | 46.5 | 14,426 | 33.3 | 17,002 | 36.5 |
| 시설이용료 · 강습비 | 25,270 | 51 | 28,680 | 66.3 | 29,195 | 62.8 |
| 스포츠 관람료 | 1,230 | 2.5 | 171 | 0.4 | 342 | 0.7 |
| 합계 | 49,590 | 100.0 | 43,277 | 100.0 | 46,539 | 100.0 |

**22** 2021년 스포츠 관련 비용 중 2020년 대비 증가율이 가장 큰 품목의 비용차이는?

① 171억 원

② 515억 원

③ 2,576억 원

④ 3,262억 원

⑤ 3,427억 원

**23** 2019년 스포츠용품 소비 대비 스포츠 관람료 비율은?(단, 소수점 셋째 자리에서 반올림한다)

① 약 3.31%

② 약 4.32%

③ 약 5.33%

④ 약 6.34%

⑤ 약 7.35%

**24** 내일 비가 올 확률이 $\dfrac{1}{3}$이고, 비가 온 다음 날 비가 올 확률은 $\dfrac{1}{4}$, 비가 안 온 다음 날 비가 올 확률은 $\dfrac{1}{5}$일 때, 모레 비가 올 확률은?

① $\dfrac{13}{60}$

② $\dfrac{9}{20}$

③ $\dfrac{11}{20}$

④ $\dfrac{29}{60}$

⑤ $\dfrac{31}{60}$

안심Touch

**25** 다음과 같이 하나의 셀에 두 줄 이상의 데이터를 입력하려고 하는 경우, '컴퓨터'를 입력한 후 줄을 바꾸기 위하여 사용하는 키로 옳은 것은?

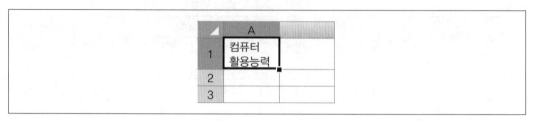

① [Ctrl]+[Enter]　　　　　　　　　　② [Ctrl]+[Shift]+[Enter]

③ [Alt]+[Enter]　　　　　　　　　　　④ [Shift]+[Enter]

⑤ [Alt]+[Shift]+〈Enter〉


**26** 다음 보기 중 Windows 환경에서 [폴더옵션] 내에서 설정할 수 있는 항목을 모두 고르면?

───────〈보기〉───────
ㄱ. 같은 창에서 폴더 열기
ㄴ. 두 번 클릭해서 항목 열기
ㄷ. 즐겨찾기에서 최근에 사용된 파일 표시
ㄹ. 표준시간대 설정

① ㄴ, ㄷ　　　　　　　　　　② ㄱ, ㄴ, ㄷ

③ ㄱ, ㄴ, ㄹ　　　　　　　　④ ㄱ, ㄷ, ㄹ

⑤ ㄴ, ㄷ, ㄹ


**27** 서울 시내 M지점에서 D지점까지 운행하는 버스가 있다. 이 버스는 도중에 V지점의 정거장에서만 정차한다. 이 버스의 운행요금은 M지점에서 V지점까지는 1,050원, V지점에서 D지점까지는 1,350원, M지점에서 D지점까지는 1,450원이다. 이 버스가 승객 53명을 태우고 M지점을 출발했는데, D지점에서 하차한 승객이 41명이었다. 승차권 판매요금이 총 77,750원일 때, V지점의 정거장에서 하차한 승객은 몇 명인가?

① 16명　　　　　　　　　　② 17명

③ 18명　　　　　　　　　　④ 19명

⑤ 20명

※ 다음 자료를 바탕으로 이어지는 질문에 답하시오. [28~29]

| 〈목적지별 거리〉 | | 〈차종별 연비〉 | |
|---|---|---|---|
| 목적지 | 거리 | 차종 | 연비 |
| 본사 – A사 | 25km | 001 | 20km/L |
| A사 – B사 | 30km | 002 | 15km/L |
| B사 – C사 | 25km | 003 | 15km/L |
| C사 – D사 | 40km | 004 | 10km/L |
| D사 – E사 | 30km | 005 | 10km/L |
| E사 – F사 | 50km | 006 | 25km/L |

※ (유류비)＝(총 주행거리)÷(차종별 연비)×(분기별 연료공급가)

〈분기별 리터당 연료공급가〉

(단위 : 원)

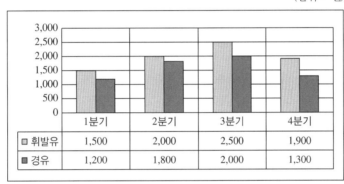

| | 1분기 | 2분기 | 3분기 | 4분기 |
|---|---|---|---|---|
| ☐ 휘발유 | 1,500 | 2,000 | 2,500 | 1,900 |
| ■ 경유 | 1,200 | 1,800 | 2,000 | 1,300 |

**28** 1분기에 본사에서 F사까지 차례대로 순회할 때 003 차종(휘발유)을 이용했다면 유류비는 얼마인가?

① 12,000원  ② 15,000원
③ 17,000원  ④ 20,000원
⑤ 23,000원

**29** 3분기에 006 차종(경유)으로 거래처를 순회한다면 10만 원의 예산으로 주행할 수 있는 총 주행가능거리는 몇 km인가?

① 1,210km  ② 1,220km
③ 1,230km  ④ 1,240km
⑤ 1,250km

**30** 대외협력처 A과장, B대리, C대리, D주임, E주임, F주임, G사원 7명은 항공편을 이용해 멕시코로 출장을 가게 되었다. 대외협력처 직원들이 다음 조건에 따라 항공기의 1열 A석부터 3열 C석까지의 좌석에 앉는다고 할 때, 다음 설명 중 반드시 참인 것은?

| 구분 | A석 | B석 | C석 |
|------|------|------|------|
| 1열 |  |  |  |
| 2열 | ✕ |  | C대리 |
| 3열 |  |  | ✕ |

앞 ↕ 뒤

좌 ↔ 우

〈조건〉

- C대리는 2열 C석에 앉는다.
- 2열 A석과 3열 C석은 다른 승객이 이미 앉은 좌석이므로 대외협력처 직원이 앉을 수 없다.
- A과장은 3열에 앉는다.
- G사원은 C대리보다 앞쪽에 앉는다.
- E주임은 이동 중 보고할 사항이 있으므로 B대리의 옆 좌석에 앉아야 한다.
- 대리끼리는 이웃해 앉을 수 없다.
- 이웃해 앉는다는 것은 앞뒤 혹은 좌우로 붙어 앉는 것을 의미한다.

① B대리가 1열 B석에 앉는다면 E주임은 1열 C석에 앉는다.
② A과장이 3열 A석에 앉는다면 F주임은 3열 B석에 앉는다.
③ G사원과 F주임은 이웃해 앉는다.
④ D주임은 F주임과 이웃해 앉을 수 없다.
⑤ E주임이 1열 A석에 앉는다면 G사원은 1열 C석에 앉는다.

**31** 다음은 K대리가 체결한 7개 계약의 체결순서에 관한 정보이다. K대리가 다섯 번째로 체결한 계약은?

(가) B계약은 F계약에 선행한다.
(나) G계약은 D계약보다 먼저 이루어졌는데, E계약과 F계약보다는 나중에 이루어졌다.
(다) B계약은 가장 먼저 맺어진 계약이 아니다.
(라) D계약은 A계약보다 먼저 이루어졌다.
(마) C계약은 G계약보다 나중에 이루어졌다.
(바) A계약과 D계약은 인접하지 않는다.

① A
② C
③ D
④ F
⑤ G

**32** 다음은 2021년 방송산업 종사자 수를 나타낸 자료이다. 2021년 추세에 언급되지 않은 분야의 인원은 고정되어 있었다고 할 때, 2020년 방송산업 종사자 수는 모두 몇 명인가?

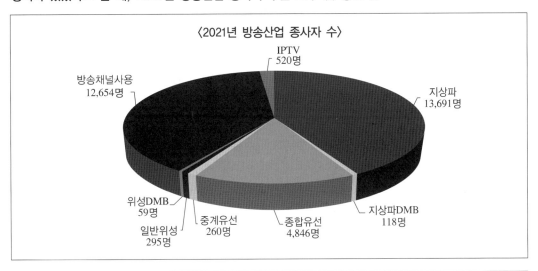

〈2021년 방송산업 종사자 수〉

IPTV 520명
방송채널사용 12,654명
지상파 13,691명
위성DMB 59명
일반위성 295명
중계유선 260명
종합유선 4,846명
지상파DMB 118명

---

〈2021년 추세〉

지상파 방송사(지상파DMB 포함)는 전년보다 301명(2.2%)이 증가한 것으로 나타났다. 직종별로 방송직에서는 PD(1.4% 감소)와 아나운서(1.1% 감소), 성우, 작가, 리포터, 제작지원 등의 기타 방송직(5% 감소)이 감소했으나, 카메라, 음향, 조명, 미술, 편집 등의 제작관련직(4.8% 증가)과 기자(0.5% 증가)는 증가하였다. 그리고 영업홍보직 (13.5% 감소), 기술직(6.1% 감소), 임원(0.7% 감소)은 감소했으나, 연구직(11.7% 증가)과 관리행정직(5.8% 증가)은 증가했다.

① 20,081명  ② 24,550명
③ 32,142명  ④ 32,443명
⑤ 34,420명

**33** 다음 중 전산업생산지수와 관련된 자료를 분석한 내용으로 옳지 않은 것은?

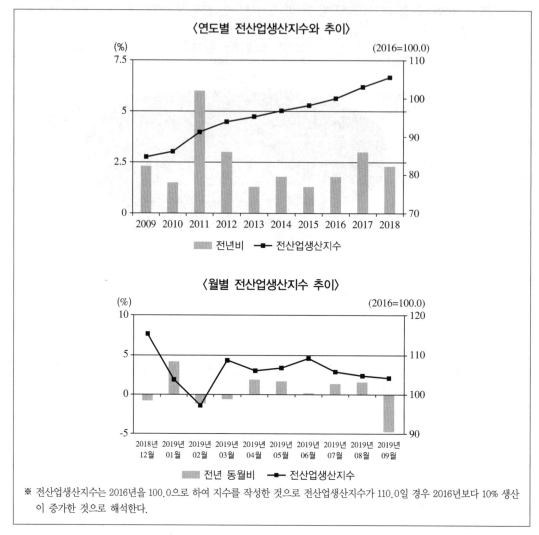

〈연도별 전산업생산지수와 추이〉

(%)　　　　　　　　　　　　　(2016=100.0)

전년비 ▪ 전산업생산지수

〈월별 전산업생산지수 추이〉

(%)　　　　　　　　　　　　　(2016=100.0)

전년 동월비 ▪ 전산업생산지수

※ 전산업생산지수는 2016년을 100.0으로 하여 지수를 작성한 것으로 전산업생산지수가 110.0일 경우 2016년보다 10% 생산이 증가한 것으로 해석한다.

① 2009 ~ 2018년 우리나라 경제의 연간 산업생산능력은 증가하고 있다.
② 2011년에 우리나라의 산업생산능력은 전년 대비 가장 큰 증가를 기록하였다.
③ 2019년 9월에는 2018년 12월보다 3%p 이상 산업생산능력이 감소하였다.
④ 2019년 2월에는 2016년보다 산업생산능력이 감소하였다.
⑤ 2019년 3월에는 2016년보다 산업생산능력이 감소하였다.

**34** 다음은 2015 ~ 2021년 H국의 지진 발생 현황에 대한 자료이다. 이에 대한 내용으로 적절한 것은?

<H국 지진 발생 현황>

| 구분 | 지진 횟수 | 최고 규모 |
|------|----------|----------|
| 2015년 | 42회 | 3.3 |
| 2016년 | 52회 | 4.0 |
| 2017년 | 56회 | 3.9 |
| 2018년 | 93회 | 4.9 |
| 2019년 | 49회 | 3.8 |
| 2020년 | 44회 | 3.9 |
| 2021년 | 492회 | 5.8 |

① 2015년 이후 지진 발생 횟수가 꾸준히 증가하고 있다.
② 2018년에는 2017년보다 지진이 44회 더 발생했다.
③ 2018년에 일어난 규모 4.9의 지진은 2015년 이후 H국에서 발생한 지진 중 가장 강력한 규모이다.
④ 지진 횟수가 증가할 때 지진의 최대 규모도 커진다.
⑤ 2021년에 발생한 지진은 2015년부터 2020년까지의 평균 지진 발생 횟수에 비해 약 8.8배 급증했다.

**35** K공사 직원 A ~ F 6명은 연휴 전날 고객이 많을 것을 고려해, 점심을 12시, 1시 두 팀으로 나눠 먹기로 하였다. 다음 중 <보기>가 모두 참일 때, 반드시 참인 것은?

─────〈보기〉─────
• A는 B보다 늦게 가지는 않는다.
• A와 C는 같이 먹는다.
• C와 D는 따로 먹는다.
• E는 F보다 먼저 먹는다.

① A와 B는 다른 시간에 먹는다.
② B와 C는 같은 시간에 먹는다.
③ D와 F는 같은 시간에 먹는다.
④ 12시와 1시에 식사하는 인원수는 다르다.
⑤ A가 1시에 먹는다면 1시 인원이 더 많다.

**36** 다음은 상품군별 온라인 및 모바일쇼핑 거래액에 관한 자료이다. 이에 대한 내용으로 옳지 않은 것은?

〈상품군별 온라인 및 모바일쇼핑 거래액〉

(단위 : 억 원, %)

| 구분 | 2020년 9월 | | 2021년 9월 | |
|---|---|---|---|---|
| | 온라인 | 모바일 | 온라인 | 모바일 |
| 합계 | 50,000 | 30,000 | 70,000 | 42,000 |
| 컴퓨터 및 주변기기 | 2,450 | 920 | 3,700 | 1,180 |
| 가전·전자·통신기기 | 5,100 | 2,780 | 7,000 | 3,720 |
| 소프트웨어 | 50 | 10 | 50 | 10 |
| 서적 | 1,000 | 300 | 1,300 | 500 |
| 사무·문구 | 350 | 110 | 500 | 200 |
| 음반·비디오·악기 | 150 | 65 | 200 | 90 |
| 의복 | 5,000 | 3,450 | 6,000 | 4,300 |
| 신발 | 750 | 520 | 1,000 | 760 |
| 가방 | 900 | 640 | 1,500 | 990 |
| 패션용품 및 액세서리 | 900 | 580 | 1,500 | 900 |
| 스포츠·레저용품 | 1,450 | 1,000 | 2,300 | 1,300 |
| 화장품 | 4,050 | 2,970 | 5,700 | 3,700 |
| 아동·유아용품 | 2,200 | 1,500 | 2,400 | 1,900 |
| 음·식료품 | 6,200 | 4,500 | 11,500 | 7,600 |
| 농축수산물 | 2,000 | 915 | 2,400 | 1,500 |
| 생활·자동차용품 | 5,500 | 3,340 | 6,700 | 4,500 |
| 가구 | 1,300 | 540 | 1,850 | 1,000 |
| 애완용품 | 250 | 170 | 400 | 300 |
| 여행 및 예약서비스 | 9,000 | 4,360 | 11,000 | 5,800 |
| 각종서비스 및 기타 | 1,400 | 1,330 | 3,000 | 1,750 |

① 2021년 9월 온라인쇼핑 거래액은 7조 원으로 전년 동월 대비 40% 증가했다.

② 2021년 9월 모바일쇼핑 거래액은 4조 2,000억 원으로 전년 동월 대비 40% 증가했다.

③ 2021년 9월 모바일쇼핑 거래액은 온라인쇼핑 거래액의 60%를 차지한다.

④ 2021년 9월 온라인쇼핑 거래액이 전년 동월보다 낮아진 상품군이 있다.

⑤ 2021년 9월 온라인쇼핑 대비 모바일쇼핑 거래액의 비중이 가장 작은 상품군은 소프트웨어이다.

※ 다음은 2017 ~ 2021년 우리나라의 분야별 재정지출 추이를 나타낸 자료이다. 이어지는 질문에 답하시오.
　　[37~38]

〈우리나라 분야별 재정지출 추이〉

(단위 : 조 원, %)

| 구분 | 2017년 | 2018년 | 2019년 | 2020년 | 2021년 | 연평균 증가율 |
|---|---|---|---|---|---|---|
| 예산 | 137.2 | 147.5 | 153.7 | 165.5 | 182.8 | 7.4 |
| 기금 | 59.0 | 61.2 | 70.4 | 72.9 | 74.5 | 6.0 |
| 교육 | 24.5 | 27.6 | 28.8 | 31.4 | 35.7 | 9.9 |
| 사회복지 · 보건 | 32.4 | 49.6 | 56.0 | 61.4 | 67.5 | 20.1 |
| R&D | 7.1 | 7.8 | 8.9 | 9.8 | 10.9 | 11.3 |
| SOC | 27.1 | 18.3 | 18.4 | 18.4 | 18.9 | −8.6 |
| 농림 · 해양 · 수산 | 12.3 | 14.1 | 15.5 | 15.9 | 16.5 | 7.6 |
| 산업 · 중소기업 | 11.4 | 11.9 | 12.4 | 12.6 | 12.6 | 2.5 |
| 환경 | 3.5 | 3.6 | 3.8 | 4.0 | 4.4 | 5.9 |
| 국방비 | 18.1 | 21.1 | 22.5 | 24.5 | 26.7 | 10.2 |
| 통일 · 외교 | 1.4 | 2.0 | 2.6 | 2.4 | 2.6 | 16.7 |
| 문화 · 관광 | 2.3 | 2.6 | 2.8 | 2.9 | 3.1 | 7.7 |
| 공공질서 · 안전 | 7.6 | 9.4 | 11.0 | 10.9 | 11.6 | 11.2 |
| 균형발전 | 5.0 | 5.5 | 6.3 | 7.2 | 8.1 | 12.8 |
| 기타 | 43.5 | 35.2 | 35.1 | 37.0 | 38.7 | −2.9 |
| 총지출 | 196.2 | 208.7 | 224.1 | 238.4 | 257.3 | 7.0 |

※ (총지출)＝(예산)＋(기금)

**37** 다음 중 자료에 대한 내용으로 옳은 것은?

① 총지출에 대한 기금 비중이 가장 컸던 해는 2017년이다.
② 교육 분야의 전년 대비 지출 증가율이 가장 높은 해는 2018년이다.
③ 지출액이 전년 대비 증가하지 않은 해가 있는 분야는 5개이다.
④ 사회복지 · 보건 분야의 지출은 언제나 가장 높다.
⑤ 기금의 연평균 증가율보다 낮은 연평균 증가율을 보이는 분야는 3개이다.

**38** 2020년 사회복지 · 보건 분야와 공공질서 · 안전 분야의 2017년 대비 증감률 차이는 얼마인가?(단, 소수점 둘째 자리에서 반올림한다)

① 약 8.7%p
② 약 9.4%p
③ 약 10.5%p
④ 약 11.2%p
⑤ 약 12.6%p

안심Touch

※ 다음은 김 대리가 아내와 함께 새로 이사할 후보 아파트(A ~ E)의 현황이다. 자료를 보고 이어지는 질문에 답하시오. [39~40]

〈후보 아파트 현황〉

| 구분 | A아파트 | B아파트 | C아파트 | D아파트 | E아파트 |
|---|---|---|---|---|---|
| 역과의 거리 | 80m | 405m | 390m | 175m | 560m |
| 헬스장 유무 | × | ○ | ○ | ○ | ○ |
| 주차장 무료할당 | ○ | ○ | ○ | ○ | × |
| 방수 | 3개 | 1개 | 3개 | 3개 | 3개 |
| 층수 | 7층 | 11층 | 4층 | 19층 | 21층 |
| 평수 | 33평 | 35평 | 24평 | 41평 | 29평 |
| 가격 | 8억 7천만 원 | 10억 2천만 원 | 8억 원 | 7억 7천만 원 | 6억 9천만 원 |
| 옥상정원 유무 | × | ○ | × | ○ | ○ |

※ '역과의 거리'란, 가장 가까운 지하철역과의 거리를 의미한다.
※ '주차장 무료할당'이란, 별도의 금액을 내지 않고도 가구당 주차공간을 부여할 수 있는 것을 의미한다.

**39** 다음 〈조건〉에 따라 이사할 아파트를 선택하고자 할 때, 김 대리가 선택할 아파트는?

〈조건〉

- 출퇴근의 편의를 위해 지하철역과 500m 이내에 있어야 한다.
- 주차장이 무료로 할당되는 아파트를 선택한다.
- 아직 자녀가 없으므로 방은 2개 이상이면 충분하다.
- 30평 이상인 아파트를 선택한다.
- 22평 이상 30평 미만인 아파트 중, 가격이 A ~ E아파트에서 가장 높은 가격의 80% 미만일 경우 선택 가능하다.
- 휴식을 위해 옥상정원이 있는 곳으로 결정한다.

① A아파트
② B아파트
③ C아파트
④ D아파트
⑤ E아파트

**40** 김 대리는 아내와 상의 후, 이사할 아파트 선택 기준을 다시 설정하였다. 다음 〈조건〉에 따라 김 대리와 아내가 선택할 아파트는?

〈조건〉
- 효율적인 건강증진을 위해 헬스장이 있는 아파트를 선택한다.
- 전망을 위하여 적어도 10층 이상의 아파트를 선택한다.
- 평수가 25평 이상인 아파트를 선택한다.
- 조건을 충족하는 아파트 중 되도록이면 가격이 저렴한 아파트를 선택한다.
- 출산을 염두에 두어 방은 3개 이상인 곳을 선택한다.

① A아파트  ② B아파트
③ C아파트  ④ D아파트
⑤ E아파트

**41** 다음은 도서에 부여되는 ISBN의 끝자리 숫자를 생성하는 과정을 나타낸 것이다. 다음 중 (가)에 들어갈 값으로 옳은 것은?

9 788992 35778
ISBN 978-89-9235-778- (가)

- 과정 1 : ISBN의 '−'을 제외한 12개 숫자의 홀수 번째에는 1을, 짝수 번째에는 3을 곱한 후 그 값들을 모두 더한다.
- 과정 2 : 과정 1에서 구한 값을 10으로 나누어 나머지를 얻는다(단, 나머지가 0인 경우 [과정 3]은 생략한다).
- 과정 3 : 과정 2에서 얻은 나머지를 2로 나눈다.

① 0  ② 1
③ 2  ④ 3
⑤ 4

**42** 다음은 국가별 연도별 이산화탄소 배출량에 관한 자료이다. 〈조건〉에 따라 빈칸 ㉠ ~ ㉣에 해당하는 국가명을 순서대로 나열한 것은?

〈국가별 연도별 이산화탄소 배출량〉

(단위 : 백만 $CO_2$톤)

| 구분 | 2017년 | 2018년 | 2019년 | 2020년 | 2021년 |
|---|---|---|---|---|---|
| 일본 | 1,041 | 1,141 | 1,112 | 1,230 | 1,189 |
| 미국 | 4,803 | 5,642 | 5,347 | 5,103 | 5,176 |
| ㉠ | 232 | 432 | 551 | 572 | 568 |
| ㉡ | 171 | 312 | 498 | 535 | 556 |
| ㉢ | 151 | 235 | 419 | 471 | 507 |
| 독일 | 940 | 812 | 759 | 764 | 723 |
| 인도 | 530 | 890 | 1,594 | 1,853 | 2,020 |
| ㉣ | 420 | 516 | 526 | 550 | 555 |
| 중국 | 2,076 | 3,086 | 7,707 | 8,980 | 9,087 |
| 러시아 | 2,163 | 1,474 | 1,529 | 1,535 | 1,468 |

〈조건〉

- 한국과 캐나다는 5개 연도의 이산화탄소 배출량 순위에서 8위를 두 번 했다.
- 사우디의 2020년 대비 2021년의 이산화탄소 배출량 증가율은 5% 이상이다.
- 이란과 한국의 이산화탄소 배출량의 합은 2019년부터 이란과 캐나다의 배출량의 합보다 많아진다.

① 캐나다, 이란, 사우디, 한국
② 한국, 사우디, 이란, 캐나다
③ 한국, 이란, 캐나다, 사우디
④ 이란, 한국, 사우디, 캐나다
⑤ 한국, 이란, 사우디, 캐나다

**43** 다음은 시·군지역의 성별 비경제활동 인구에 관해 조사한 자료이다. (가), (다)에 알맞은 수를 올바르게 나열한 것은?(단, 인구수는 백의 자리에서 반올림하고, 비중은 소수점 첫째 자리에서 반올림한다)

〈성별 비경제활동 인구〉

(단위 : 천 명, %)

| 구분 | 남자 | 비중 | 여자 | 비중 | 총계 |
|------|------|------|------|------|------|
| 시지역 | 2,574 | (가) | 5,226 | (나) | 7,800 |
| 군지역 | (다) | 33.5 | (라) | 66.5 | 1,149 |

|  | (가) | (다) |  |  | (가) | (다) |
|---|---|---|---|---|---|---|
| ① | 30 | 385 | | ② | 30 | 392 |
| ③ | 33 | 378 | | ④ | 33 | 385 |
| ⑤ | 33 | 392 | | | | |

※ 자동차에 번호판을 부여하는 규칙이 다음과 같을 때, 이어지는 질문에 답하시오. [44~45]

〈자동차 번호판 부여 규칙〉

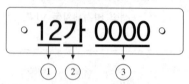

각 숫자는 다음의 사항을 나타낸다.
① 자동차의 종류
② 자동차의 용도
③ 자동차의 등록번호

• 자동차의 종류

| 구분 | 숫자 기호 |
| --- | --- |
| 승용차 | 01 ~ 69 |
| 승합차 | 70 ~ 79 |
| 화물차 | 80 ~ 97 |
| 특수차 | 98 ~ 99 |

• 자동차의 용도

| 구분 | | 문자 기호 |
| --- | --- | --- |
| 비사업용 | | 가, 나, 다, 라, 마, 거, 너, 더, 러, 머, 서, 어, 저, 고, 노, 도, 로, 모, 보, 소, 오, 조, 구, 누, 두, 루, 무, 부, 수, 우, 주 |
| 사업용 | 택시 | 아, 바, 사, 자 |
| | 택배 | 배 |
| | 렌터카 | 하, 허, 호 |

• 자동차의 등록번호 : 차량의 고유번호로 임의로 부여

**44** A씨는 이사를 하면서 회사와 거리가 멀어져 출퇴근을 위해 새 승용차를 구입하였다. A씨가 부여받을 수 있는 자동차 번호판으로 옳지 않은 것은?

① 23겨 4839

② 67거 3277

③ 42서 9961

④ 31주 5443

⑤ 12모 4839

**45** 다음 자동차 번호판 중 성격이 다른 하나는?

① 80가 8425

② 84배 7895

③ 92보 1188

④ 81오 9845

⑤ 97주 4763

**46** 귀하는 전세버스 대여를 전문으로 하는 여행업체에 근무하고 있다. 지난 10년 동안 상당한 규모로 성장해 온 귀사는 현재 보유하고 있는 버스의 현황을 실시간으로 파악할 수 있도록 식별 코드를 부여하였다. 식별 코드 부여 방식과 자사보유 전세버스 현황을 참고할 때, 다음 중 옳지 않은 것은?

**〈식별 코드 부여 방식〉**

[버스등급] – [승차인원] – [제조국가] – [모델번호] – [제조연월]

| 버스등급 | 코드 | 제조국가 | 코드 |
|---|---|---|---|
| 대형버스 | BX | 한국 | KOR |
| 중형버스 | MF | 독일 | DEU |
| 소형버스 | RT | 미국 | USA |

예 BX – 45 – DEU – 15 – 1510

2015년 10월 독일에서 생산된 45인승 대형버스 15번 모델

**〈자사보유 전세버스 현황〉**

| | | |
|---|---|---|
| BX – 28 – DEU – 24 – 1308 | MF – 35 – DEU – 15 – 0910 | RT – 23 – KOR – 07 – 0628 |
| MF – 35 – KOR – 15 – 1206 | BX – 45 – USA – 11 – 0712 | BX – 45 – DEU – 06 – 1105 |
| MF – 35 – DEU – 20 – 1110 | BX – 41 – DEU – 05 – 1408 | RT – 16 – USA – 09 – 0712 |
| RT – 25 – KOR – 18 – 0803 | RT – 25 – DEU – 12 – 0904 | MF – 35 – KOR – 17 – 0901 |
| BX – 28 – USA – 22 – 1404 | BX – 45 – USA – 19 – 1108 | BX – 28 – USA – 15 – 1012 |
| RT – 16 – DEU – 23 – 1501 | MF – 35 – KOR – 16 – 0804 | BX – 45 – DEU – 19 – 1312 |
| MF – 35 – DEU – 20 – 1005 | BX – 45 – USA – 14 – 1007 | |

① 보유하고 있는 소형버스의 절반 이상은 독일에서 생산되었다.

② 대형버스 중 28인승은 3대이며, 한국에서 생산된 차량은 없다.

③ 보유 중인 대형버스는 전체의 40% 이상을 차지한다.

④ 중형버스의 모델은 최소 3가지 이상이며, 모두 2013년 이전에 생산되었다.

⑤ 미국에서 생산된 버스 중 중형버스는 없으며, 모두 2015년 이전에 생산되었다.

※ G공사는 별관과 복지동을 연결하는 다리 건설을 계획하고 있다. 입찰에는 A ~ F기업이 참여하였다. 다음은 G공사의 입찰기준에 따라 입찰업체를 각 분야별로 점수화한 자료와 업체별 입찰가격을 나타낸 자료이다. 이어지는 질문에 답하시오. [47~48]

〈업체별 점수〉

| 업체 | 경영점수 | 안전점수 | 디자인점수 | 수상실적 |
|------|---------|---------|-----------|---------|
| A | 9점 | 7점 | 4점 | – |
| B | 6점 | 8점 | 6점 | 2개 |
| C | 7점 | 7점 | 5점 | – |
| D | 6점 | 6점 | 4점 | 1개 |
| E | 7점 | 5점 | 2점 | – |
| F | 7점 | 6점 | 7점 | 1개 |

※ (입찰점수)＝(경영점수)＋(안전점수)＋(디자인점수)＋(수상실적 가점)
※ 수상실적 가점은 수상실적 1개당 2점의 가점을 부과한다.

〈업체별 입찰가격〉

| 업체 | A | B | C | D | E | F |
|------|---|---|---|---|---|---|
| 입찰가격 | 11억 원 | 10억 5천만 원 | 12억 1천만 원 | 9억 8천만 원 | 10억 1천만 원 | 8억 9천만 원 |

**47** G공사는 다음 선정방식에 따라 다리 건설 업체를 선정하고자 한다. 다음 중 최종 선정될 업체는?

- 입찰가격이 12억 원 미만인 업체 중에서 선정한다.
- 입찰점수가 가장 높은 3개 업체를 중간 선정한다.
- 중간 선정된 업체들 중 안전점수와 디자인점수의 합이 가장 높은 곳을 최종 선정한다.

① A  
② B  
③ D  
④ E  
⑤ F

**48** G공사는 입찰가격도 구간별로 점수화하여 다시 업체를 선정하고자 한다. 입찰가격에 따른 가격점수를 산정하고, 기존 입찰점수에 가격점수를 추가로 합산하여 최종 입찰점수를 계산하고자 할 때, 입찰점수가 가장 높은 업체는?

| 입찰가격 | 9억 원 미만 | 9억 원 이상 10억 원 미만 | 10억 원 이상 11억 원 미만 | 11억 원 이상 12억 원 미만 | 12억 원 이상 |
|---|---|---|---|---|---|
| 가격점수 | 10점 | 8점 | 6점 | 4점 | 2점 |

① A  ② B
③ C  ④ E
⑤ F

**49** B대리는 혁신우수 연구대회에 출전하여 첨단장비를 활용한 차종별 보행자사고 모형 개발 과제를 발표하고, SWOT 분석을 통한 추진방향을 도출하기 위해 다음 표를 작성했다. 주어진 분석 결과에 대응하는 전략과 그 내용으로 옳지 않은 것은?

| 강점(Strength) | 약점(Weakness) |
|---|---|
| 10년 이상 지속적인 교육과 연구로 신기술 개발을 위한 인프라 구축 | 보행자사고 모형개발을 위한 예산 및 실차 실험을 위한 연구소 부재 |
| **기회(Opportunity)** | **위협(Threat)** |
| 첨단 과학장비(3D스캐너, MADYMO) 도입으로 정밀 시뮬레이션 분석 가능 | 교통사고에 대한 국민의 관심과 분석수준 향상으로 공단의 사고분석 질적 제고 필요 |

① SO전략 : 첨단 과학장비를 통한 정밀 시뮬레이션 분석을 토대로 국내 차량의 전면부 형상을 취득하고 보행자사고를 분석해 신기술 개발에 도움이 된다.
② WO전략 : 실차 실험 대신 첨단 과학장비를 통한 정밀 시뮬레이션 연구로 보행자사고 모형을 개발한다.
③ ST전략 : 지속적인 교육과 연구로 쌓아온 데이터를 바탕으로 사고분석 프로그램 신기술 개발을 통해 사고분석 질적 향상에 기여한다.
④ WT전략 : 신기술 개발을 위한 연구대회를 개최해 인프라를 더욱 탄탄히 구축한다.
⑤ WT전략 : 보행자사고 실험을 위한 연구소를 만들어 사고분석 데이터를 축적한다.

**50** 인사업무를 담당하고 있는 귀하는 전 직원을 대상으로 몇 년 동안 혼인 여부와 업무성과를 연계하여 조사를 실시해왔다. 그 결과 안정적인 가정을 꾸린 직원이 더 높은 성과를 달성한다는 사실을 확인할 수 있었다. 조사 내용 중 특히 신입사원의 혼인율이 급격하게 낮아지고 있으며, 최근 그 수치가 매우 낮아 향후 업무성과에 좋지 못한 영향을 미칠 것으로 예상되었다. 이러한 문제의 근본 원인을 찾아 도식화하여 팀장에게 보고하려고 한다. 다음 중 현상 간의 인과관계를 따져볼 때, 귀하가 (D) 부분에 입력할 내용으로 적절한 것은?

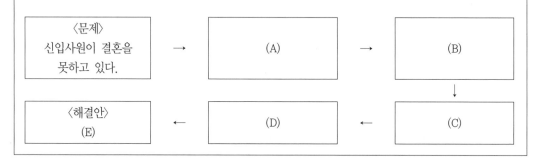

- 배우자를 만날 시간이 없다.
- 신입사원이어서 업무에 대해 잘 모른다.
- 매일 늦게 퇴근한다.
- 업무를 제때 못 마친다.
- 업무에 대한 OJT나 업무 매뉴얼을 활용하여 업무시간을 줄인다.

```
┌─────────────┐     ┌─────────────┐     ┌─────────────┐
│   〈문제〉    │     │             │     │             │
│ 신입사원이 결혼을 │ →  │    (A)     │ →  │    (B)     │
│  못하고 있다.  │     │             │     │             │
└─────────────┘     └─────────────┘     └─────────────┘
                                                │
┌─────────────┐     ┌─────────────┐     ┌─────────────┐
│  〈해결안〉   │     │             │     │             │
│    (E)      │ ←  │    (D)     │ ←  │    (C)     │
└─────────────┘     └─────────────┘     └─────────────┘
```

① 배우자를 만날 시간이 없다.
② 신입사원이어서 업무에 대해 잘 모른다.
③ 매일 늦게 퇴근한다.
④ 업무를 제때에 못 마친다.
⑤ 업무에 대한 OJT나 업무 매뉴얼을 활용하여 업무시간을 줄인다.

# 제3회
# 한국가스공사

## NCS
## 직업기초능력평가

〈문항 및 시험시간〉

| 평가영역 | 문항 수 | 시험시간 | 모바일<br>OMR 답안분석 |
| --- | --- | --- | --- |
| 의사소통능력＋수리능력＋문제해결능력<br>＋자원관리능력＋정보능력 | 50문항 | 60분 | |

# 제3회 모의고사

문항 수 : 50문항
시험시간 : 60분

**01** C사원은 사보 담당자인 G주임에게 다음 달 기고할 사설 원고를 전달하였다. G주임은 문단마다 소제목을 붙였으면 좋겠다는 의견을 보냈다. C사원이 G주임의 의견을 반영하여 소제목을 붙였을 때, 적절하지 않은 것은?

(A) 떨어질 줄 모르는 음주율은 정신건강 지표와도 연결된다. 아무래도 생활에서 스트레스를 많이 느끼는 사람들이 음주를 통해 긴장을 풀고자 하는 욕구가 많기 때문이다. 특히 퇴근 후 혼자 한적하고 조용한 술집을 찾아 맥주 1～2캔을 즐기는 혼술 문화는 젊은 연령층에서 급속히 퍼지고 있는 트렌드이기도 하다. 이렇게 혼술 문화가 대중적으로 널리 퍼지게 된 원인은 1인 가구의 증가와 사회적 관계망이 헐거워진 데 있다는 것이 지배적인 분석이다.

(B) 혼술은 간단하게 한 잔, 긴장을 푸는 데 더없이 좋은 효과를 주기도 하지만 그 이면에는 '음주 습관의 생활화'라는 문제도 있다. 혼술이 습관화되면 알코올중독으로 병원 신세를 질 가능성이 9배 늘어난다는 최근 연구결과도 있다. 실제로 가톨릭대 알코올 의존치료센터에 따르면 5년 동안 알코올 의존 상담환자 중 응답자 75.4%가 평소 혼술을 즐겼다고 답했다.

(C) 2016년 보건복지부와 국립암센터에서는 국민 암 예방 수칙의 하나인 '술은 하루 2잔 이내로 마시기' 수칙을 '하루 한두 잔의 소량 음주도 피하기'로 개정했다. 뉴질랜드 오타고대 연구진의 최신 연구에 따르면 술이 7종 암과 직접적 관련이 있는 것으로 밝혀졌고 이런 영향력은 적당한 음주에도 예외가 아닌 것으로 나타났다. 연구를 이끈 제니 코너 박사는 "음주 습관은 소량에서 적당량을 섭취했을 때도 몸에 상당한 부담으로 작용한다."고 밝혔다.

(D) 흡연과 함께 하는 음주는 1군 발암요인이기도 하다. 몸속에서 알코올과 니코틴 등의 독성물질이 만나면 더 큰 부작용과 합병증을 일으키기 때문이다. 일본 도쿄대 나카무라 유스케 교수는 '체질과 생활습관에 따른 식도암 발병률'이라는 논문에서 하루에 캔 맥주 1개 이상을 마시고 흡연을 같이할 경우 유해물질이 인체에서 상승작용을 한다는 것을 밝혀냈다. 또한 술, 담배를 함께 하는 사람의 식도암 발병 위험이 다른 사람들에 비해 190배나 높은 것으로 나타났다. 우리나라는 세계적으로도 식도암 발병률이 높은 나라이기도 하다. 이것이 우리가 음주습관 형성에 특히 주의를 기울여야 하는 이유다.

① (A) : 1인 가구, 혼술 문화의 유행
② (B) : 혼술 습관, 알코올중독으로 발전할 수 있어
③ (C) : 가벼운 음주, 대사 촉진에 도움이 돼
④ (D) : 흡연과 음주를 동시에 즐기면 식도암 위험률 190배
⑤ (D) : 하루 한두 잔, 가벼운 음주와 흡연, 암 위험에서 벗어나지 못해

**02** 다음 글에서 〈보기〉의 내용이 들어갈 위치로 가장 적절한 곳은?

( ㉠ ) 우리는 보통 공간을 배경으로 사물을 본다. 그리고 시간이나 사유를 비롯한 여러 개념을 공간적 용어로 표현한다. 이처럼 공간에 대한 용어가 중의적으로 쓰이는 과정에서, 일상적으로 쓰는 용법과 달라 혼란을 겪기도 한다. ( ㉡ ) 공간에 대한 용어인 '차원' 역시 다양하게 쓰인다. 차원의 수는 공간 내에 정확하게 점을 찍기 위해 알아야 하는 수의 개수이다. ( ㉢ ) 특정 차원의 공간은 한 점을 표시하기 위해 특정한 수가 필요한 공간을 의미한다. ( ㉣ ) 따라서 다차원 공간은 집을 살 때 고려해야 하는 사항들의 공간처럼 추상적일 수도 있고, 실제의 물리 공간처럼 구체적일 수도 있다. 이러한 맥락에서 어떤 사람을 1차원적 인간이라고 표현했다면 그것은 그 사람의 관심사가 하나밖에 없다는 것을 의미한다. ( ㉤ )

〈보기〉

집에 틀어박혀 스포츠만 관람하는 인간은 오로지 스포츠라는 하나의 정보로 기술될 수 있고, 그 정보를 직선 위에 점을 찍은 1차원 그래프로 표시할 수 있는 것이다.

① ㉠

② ㉡

③ ㉢

④ ㉣

⑤ ㉤

**03** 다음 글의 제목으로 가장 적절한 것은?

물은 너무 넘쳐도 문제고, 부족해도 문제다. 무엇보다 충분한 양을 안전하게 저장하면서 효율적으로 관리하는 것이 중요하다. 하지만 예기치 못한 자연재해가 불러오는 또 다른 물의 재해도 우리를 위협한다. 지진의 여파로 쓰나미(지진해일)가 몰려오고 댐이 붕괴되면서 상상도 못한 피해를 불러올 수 있다. 이는 역사 속에서 실제로 반복되어 온 일이다.

1755년 11월 1일 아침, 15·16세기 대항해 시대를 거치며 해양 강국으로 자리매김한 포르투갈의 수도 리스본에 대지진이 발생했다. 도시 건물 중 85%가 파괴될 정도로 강력한 지진이었다. 하지만 지진은 재해의 전주곡에 불과했다. 지진이 덮치고 약 40분 후 쓰나미(지진해일)가 항구와 도심지로 쇄도했다. 해일은 리스본뿐 아니라 인근 알가르브 지역의 해안 요새 중 일부를 박살냈고, 숱한 가옥을 무너뜨렸다. 6만～9만 명이 귀한 목숨을 잃었다. 이 대지진과 이후의 쓰나미는 포르투갈 문명의 역사를 바꿔버렸다. 포르투갈은 이후 강대국 대열에서 밀려나 옛 영화를 찾지 못한 채 지금에 이르고 있다.

지진으로 인한 피해는 다른 나라에서도 찾아볼 수 있으며, 1985년 7월 19일 지진에 의해 이탈리아의 스타바댐이 붕괴하면서 그 여파로 발생한 약 20만 톤의 진흙과 모래, 물이 테세로 마을을 덮쳐 268명이 사망하고 63개의 건물과 8개의 다리가 파괴되는 사고가 발생했다.

① 우리나라는 '물 스트레스 국가'

② 도를 지나치는 '물 부족'

③ 강력한 물의 재해 '지진'

④ 누구도 피해갈 수 없는 '자연 재해'

⑤ 자연의 경고 '댐 붕괴'

**04** 다음은 귀하의 업체가 주로 거래하는 A은행의 공지사항이다. 글에 대한 내용으로 옳지 않은 것은?

---

〈서비스 개선 작업에 따른 A은행 거래 일시 중단 안내〉

항상 A은행을 이용해 주시는 고객님께 진심으로 감사드립니다.
고객님들께 더욱 편리하고 유용한 서비스를 제공하기 위한 개선작업으로 인해 서비스가 일시 중단되오니
고객님께 양해를 부탁드립니다.

• 제한일시 : 2021년 12월 5일(수) 00:00 ~ 24:00
• 제한서비스
 − 현금 입출금기(ATM, CD) 이용 거래
 − 인터넷뱅킹, 폰뱅킹, 모바일・스마트폰 뱅킹, 펌뱅킹 등 모든 전자 금융거래
 − 체크카드, 직불카드를 이용한 물품 구매, 인출 등 모든 거래(외국에서의 거래 포함)
 − 타 은행 ATM, 제휴CD기(지하철, 편의점 등)에서 A은행 계좌 거래
 ※ 인터넷뱅킹을 통한 대출 신청・실행・연기 및 지방세 처리 ARS 업무는 12월 8일(토) 12시(정오)까지 계속해서 중지됩니다.

단, 신용카드를 이용한 물품 구매, 고객센터 전화를 통한 카드・통장 분실 신고(외국에서의 신고 포함)
및 자기앞 수표 조회 같은 사고 신고는 정상 이용 가능하다는 점을 참고하시기 바랍니다.

항상 저희 A은행을 이용해 주시는 고객님께 늘 감사드리며, 이와 관련하여 더 궁금하신 점이 있다면 아래
고객센터 번호로 문의 부탁드리겠습니다.

---

① 12월 6일 내내 A은행의 지방세 처리 ARS 업무를 이용할 수 없다.
② 12월 8일 12시 이전에는 A은행에서 대출 신청이 불가능하다.
③ 12월 5일 해외에서 체류 중이더라도, A은행의 고객센터를 통해 신용카드 분실 신고는 언제든지 가능하다.
④ 12월 5일 친구의 A은행 계좌로 돈을 입금하기 위해 다른 은행의 ATM기를 이용하더라도 정상적인 거래를 할 수 없다.
⑤ 12월 5일 물건을 사기 위해 A은행 계좌에서 현금을 출금할 수는 없지만 신용카드 결제는 할 수 있다.

아이를 낳으면 엄마는 정신이 없어지고 지적 능력이 감퇴한다는 것이 일반 상식으로 알려져 있었다. 그러나 최근에 반기를 드는 실험 결과가 발표되었다.

최근 보스톤 글로브지에 보도된 바에 의하면 킹슬리 박사팀은 몇 개의 실험을 통하여 흥미로운 결과를 발표하였다. 그들의 실험에 따르면 엄마쥐는 처녀쥐보다 후각능력과 시각능력이 급증하고 먹잇감을 처녀쥐보다 세 배나 빨리 찾았다. 엄마쥐가 되면 엄마의 두뇌는 에스트로겐, 코티졸 등에 의해 마치 목욕을 한 것처럼 된다. 그런데 주목할 것은 엄마쥐 혼자 내적으로 두뇌의 변화가 오는 것이 아니라 새끼와 상호작용하는 것이 두뇌 변화에 큰 영향을 준다는 것이다. 새끼를 젖먹이고 다루는 과정에서 감각적 민감화와 긍정적 변화가 일어나고 인지적 능력이 상승한다.

( ) 인간에게서는 어떨까? 대개 엄마가 되면 너무 힘들고 일에 부대껴서 결국은 지적 능력도 떨어진다고 생각한다. 그러나 이런 현상은 상당 부분 사회공동체적 자기암시로부터 온 것이라고 봐야 한다. 오하이오 신경심리학자 줄리에 수어는 임신한 쥐들을 두 집단으로 나누어, A집단에게는 "임신이 기억과 과제 수행에 어떤 영향을 주는가를 알아보기 위해서 검사를 한다."고 하고, B집단에게는 설명 없이 그 과제를 주었다. 그 결과 A집단의 여성들이 B집단보다 과제 수행점수가 현저히 낮았다. A집단은 <u>여성이 임신하면 머리가 나빠진다는 부정적 고정관념의 영향</u>을 받은 것이다.

연구결과들에 의하면 엄마가 된다는 것은 감각·인지 능력 및 용감성 등을 높여준다. 지금껏 연구는 주로 쥐를 중심으로 이루어졌지만, 인간에게도 같은 원리가 적용될 가능성이 높다.

**05** 다음 중 밑줄 친 부분을 설명할 수 있는 속담으로 옳지 않은 것은?

① 암탉이 울면 집안이 망한다.
② 미꾸라지 한 마리가 온 물을 흐린다.
③ 여자는 제 고을 장날을 몰라야 팔자가 좋다.
④ 여편네 팔자는 뒤웅박 팔자라.
⑤ 여자가 셋이면 나무 접시가 들논다.

**06** 다음 중 빈칸에 들어갈 접속어로 적절한 것은?

① 즉            ② 그리고
③ 예를 들어      ④ 그러면
⑤ 따라서

**07** 다음 중 Windows 환경에서 Excel의 기능과 해당 단축키 조합으로 옳지 않은 것은?

① [Ctrl]+화살표 키 : 워크시트에서 현재 데이터 영역의 가장자리로 이동한다.

② [Ctrl]+[Home] : 통합문서에서 첫 번째 시트로 이동한다.

③ [Ctrl]+[Page Down] : 통합문서에서 다음 시트로 이동한다.

④ [Alt]+[Page Down] : 워크시트에서 한 화면 오른쪽으로 이동한다.

⑤ [Page Down] : 워크시트에서 한 화면 아래로 이동한다.

**08** 빨간 공 4개, 하얀 공 6개가 들어 있는 주머니에서 한 번에 2개를 꺼낼 때, 적어도 1개는 하얀 공을 꺼낼 확률은?

① $\dfrac{9}{15}$

② $\dfrac{1}{4}$

③ $\dfrac{5}{12}$

④ $\dfrac{13}{15}$

⑤ $\dfrac{14}{15}$

**09** L씨는 콘텍트 렌즈를 구매하려 한다. 아래 표를 보고 가격을 비교하였을 때, 1년 동안 가장 적은 비용으로 사용할 수 있는 렌즈는 무엇인가?(단, 1년 동안 똑같은 제품만을 사용하며, 1년은 52주이다)

| 렌즈 | 가격 | 착용기한 | 서비스 |
|---|---|---|---|
| A | 30,000원 | 1달 | – |
| B | 45,000원 | 2달 | 1+1 |
| C | 20,000원 | 1달 | 1+2 (3월, 7월, 11월에만) |
| D | 5,000원 | 1주 | – |
| E | 65,000원 | 2달 | 1+2 |

① A

② B

③ C

④ D

⑤ E

**10** 현재 철수는 아버지와 나이 차이가 25살 난다. 3년 후에는 아버지의 나이가 3년 후 철수 나이의 2배가 된다고 할 때, 현재 철수의 나이는?

① 20세          ② 22세

③ 24세          ④ 26세

⑤ 28세

**11** G은행의 영업지원팀 무 팀장은 새로 출시한 상품 홍보를 지원하기 위해 월요일부터 목요일까지 매일 남녀 한 명씩 두 사람을 홍보팀으로 보내야 한다. 영업지원팀에는 현재 남자 사원 4명(기태, 남호, 동수, 지원)과 여자 사원 4명(고은, 나영, 다래, 리화)이 근무하고 있다. 〈조건〉을 만족할 때, 다음 중 옳지 않은 것은?

〈조건〉

(가) 매일 다른 사람을 보내야 한다.
(나) 기태는 화요일과 수요일에 휴가를 간다.
(다) 동수는 다래의 바로 이전 요일에 보내야 한다.
(라) 고은은 월요일에는 근무할 수 없다.
(마) 남호와 나영은 함께 근무할 수 없다.
(바) 지원은 기태 이전에 근무하지만 화요일은 갈 수 없다.
(사) 리화는 고은과 나영 이후에 보낸다.

① 고은이 수요일에 근무한다면 기태는 리화와 함께 근무한다.
② 다래가 수요일에 근무한다면 화요일에는 동수와 고은이 근무한다.
③ 리화가 수요일에 근무한다면 남호는 화요일에 근무한다.
④ 고은이 화요일에 근무한다면 지원은 월요일에 근무할 수 없다.
⑤ 지원이 수요일에 근무한다면 다래는 화요일에 근무한다.

**12** 국내 금융감독당국은 금융회사의 자발적인 민원 예방과 적극적인 민원 해결 노력을 유도하기 위해 금융소비자보호 실태평가를 실시하고 민원 발생 현황을 비교 공시하고 있다. 다음 설명 중 옳지 않은 것은?

| 은행명 | 민원 건수(고객 십만 명당 건) | | 민원 건수(건) | |
|---|---|---|---|---|
| | 2020년 | 2021년 | 2020년 | 2021년 |
| A | 5.62 | 4.64 | 1,170 | 1,009 |
| B | 5.83 | 4.46 | 1,695 | 1,332 |
| C | 4.19 | 3.92 | 980 | 950 |
| D | 5.53 | 3.75 | 1,530 | 1,078 |

① 2021년 금융민원 발생 건수는 전반적으로 전년 대비 감축했다고 평가할 수 있다.

② 2021년 C은행은 금융민원 건수가 가장 적지만, 전년 대비 민원 감축률은 약 3.1%로 가장 미비한 수준이다.

③ 2021년에 가장 많은 고객을 보유하고 있는 은행은 2021년 금융민원 건수도 가장 많다.

④ 2021년 금융민원 건수 감축률을 기준으로 금융소비자보호 수준을 평가했을 때 'D → A → B → C' 순서로 우수하다.

⑤ 민원 건수가 2020년에 비해 가장 많이 감소한 곳은 D은행이다.

**13** K공사에서 아래와 같은 조건으로 임원용 보고서와 직원용 보고서를 제작하려고 한다. 임원용 보고서와 직원용 보고서의 제작비를 계산한 것으로 적절한 것은?

- 보고서 : 85페이지(표지 포함)
- 임원용(10부) : 컬러 단면 복사, 플라스틱 커버, 스프링 제본
- 직원용(20부) : 흑백 양면 복사, 2쪽씩 모아 찍기, 집게(2개)

(단위 : 페이지당, 개당)

| 컬러 복사 | 흑백 복사 | 플라스틱 커버 | 스프링 제본 | 집게 |
|---|---|---|---|---|
| 양면 200원 | 양면 70원 | 2,000원 | 2,000원 | 50원 |
| 단면 300원 | 단면 100원 | | | |

※ 표지는 모두 컬러 단면 복사를 한다.
※ 플라스틱 커버 1개는 한 면만 커버할 수 있다.

|  | 임원용 | 직원용 |
|---|---|---|
| ① | 325,000원 | 42,300원 |
| ② | 315,000원 | 37,700원 |
| ③ | 315,000원 | 37,400원 |
| ④ | 295,000원 | 35,300원 |
| ⑤ | 292,000원 | 32,100원 |

**14** L씨는 사업차 1월 5일 중국 상하이로 출장 갔다가 2월 5일에 귀국하였다. L씨는 출국 전날 출장여비로 사용할 150만 원을 위안화로 환전했고, 출장기간 동안 7,800위안을 사용했다. 귀국한 다음 날 은행에 들러 남은 여비를 원화로 환전했을 때, L씨의 남은 여비는 원화로 얼마인가?(단, 위안화로 환전 시 소수점은 절사하고 원화로 환전 시 원단위는 절사한다)

| 날짜 | 매매기준율(원/¥) | 현찰(원/¥) | | 송금(원/¥) | |
|---|---|---|---|---|---|
| | | 살 때 | 팔 때 | 보낼 때 | 받을 때 |
| 1월 4일 | 163.92 | 172.11 | 155.73 | 165.55 | 162.29 |
| 1월 5일 | 164.25 | 172.46 | 156.04 | 165.89 | 162.61 |
| 2월 5일 | 173.32 | 181.98 | 164.66 | 175.05 | 171.59 |
| 2월 6일 | 172.91 | 181.55 | 164.27 | 174.63 | 171.19 |

① 120,780원
② 139,600원
③ 150,300원
④ 167,450원
⑤ 175,360원

**15** S건설 개발사업부에는 부장 1명, 과장 1명, 사원 2명, 대리 2명 총 6명이 근무하고 있다. 〈조건〉에 따라 5주 동안 개발사업부 전원이 여름휴가를 다녀오려고 한다. 휴가는 1번씩 2주 동안 다녀온다고 할 때, 다음 중 일어날 수 없는 상황은?(단, 모든 휴가의 시작은 월요일, 끝은 일요일이다)

─────〈조건〉─────
- 회사에는 세 명 이상 남아있어야 한다.
- 같은 직급의 직원은 동시에 휴가 중일 수 없다.
- 과장과 부장은 휴가가 겹칠 수 없다.
- 1주 차에는 과장과 사원만 휴가를 갈 수 있다.
─────────────

① 1주 차에 아무도 휴가를 가지 않는다.
② 대리는 혼자 휴가 중일 수 있다.
③ 부장은 4주 차에 휴가를 출발할 수 있다.
④ 5주 차에는 1명만 휴가 중일 수 있다.
⑤ 대리 중 한 명은 3주 차에 휴가를 출발한다.

안심Touch

**16** B자동차 회사에서 새로운 두 모델에 대해 연비 테스트를 하였다. 두 모델 S와 E에 휘발유 3L와 5L를 주입 후 동일한 조건에서 차가 멈출 때까지 운행한 거리를 각각 측정하였고 그 결과는 다음과 같다. 3L로 테스트했을 때 두 모델의 주행거리 합은 48km였고, 3L, 5L 테스트에서 모델 E가 달린 주행거리의 합은 56km였다면, 두 자동차 연비의 곱은 얼마인가?

| 구분 | 3L | 5L |
| --- | --- | --- |
| 모델 S | $a$km | $b$km |
| 모델 E | $c$km | $d$km |

① 52
② 56
③ 60
④ 63
⑤ 64

**17** 다음 글의 주제로 가장 적절한 것은?

동양 사상이라 해서 언어와 개념을 무조건 무시하는 것은 결코 아니다. 만약 그렇다면 동양 사상은 경전이나 저술을 통해 언어화되지 않고 순전히 침묵 속에서 전수되어 왔을 것이다. 물론 이것은 사실이 아니다. 동양 사상도 끊임없이 언어적으로 다듬어져 왔으며 논리적으로 전개되어 왔다. 흔히 동양 사상은 신비주의적이라고 말하지만, 이것은 동양 사상의 한 면만을 특정하는 것이지 결코 동양의 철인(哲人)들이 사상을 전개함에 있어 논리를 무시했다거나 항시 어떤 신비적인 체험에 호소해서 자신의 주장들을 폈다는 것을 뜻하지는 않는다. 그러나 역시 동양 사상은 신비주의적임에 틀림없다. 거기서는 지고(至高)의 진리란 언제나 언어화될 수 없는 어떤 신비한 체험의 경지임이 늘 강조되어 왔기 때문이다. 최고의 진리는 언어 이전, 혹은 언어 이후의 무언(無言)의 진리이다. 엉뚱하게 들리겠지만, 동양 사상의 정수(精髓)는 말로써 말이 필요 없는 경지를 가리키려는 데에 있다고 해도 과언이 아니다. 말이 스스로를 부정하고 초월하는 경지를 나타내도록 사용된 것이다. 언어로써 언어를 초월하는 경지를 나타내고자 하는 것이야말로 동양 철학이 지닌 가장 특징적인 정신이다. 동양에서는 인식의 주체를 심(心)이라는 매우 애매하면서도 포괄적인 말로 이해해 왔다. 심(心)은 물(物)과 항시 자연스러운 교류를 하고 있으며, 이성은 단지 심(心)의 일면일 뿐인 것이다. 동양은 이성의 오만이라는 것을 모른다. 지고의 진리, 인간을 살리고 자유롭게 하는 생동적 진리는 언어적 지성을 넘어선다는 의식이 있었기 때문일 것이다. 언어는 언제나 마음을 못 따르며 둘 사이에는 항시 괴리가 있다는 생각이 동양인들의 의식 저변에 깔려 있는 것이다.

① 동양 사상은 신비주의적인 요소가 많다.
② 언어와 개념을 무시하면 동양 사상을 이해할 수 없다.
③ 동양 사상은 언어적 지식을 초월하는 진리를 추구한다.
④ 인식의 주체를 심(心)으로 표현하는 동양 사상은 이성적이라 할 수 없다.
⑤ 동양 사상에서는 언어는 마음을 따르므로 진리는 마음속에 있다고 주장한다.

**18** 다음 글의 제목으로 가장 적절한 것은?

시장경제는 국민 모두가 잘살기 위한 목적을 달성하기 위한 수단으로서 선택한 나라 살림의 운영 방식이다. 그러나 최근에 재계, 정계, 그리고 경제 관료 사이에 벌어지고 있는 시장경제에 대한 논쟁은 마치 시장경제 그 자체가 목적인 것처럼 왜곡되고 있다. 국민들이 잘살기 위해서는 경제가 성장해야 한다. 그러나 경제가 성장했는데도 다수의 국민들이 잘사는 결과를 가져오지 못하고 경제적 강자들의 기득권을 확대 생산하는 결과만을 가져온다면 국민들은 시장경제를 버리고 대안적 경제 체제를 찾을 것이다. 그렇기 때문에 시장경제를 유지하기 위해서는 성장과 분배의 균형이 중요하다.

시장경제는 경쟁을 통해서 효율성을 높이고 성장을 달성한다. 경쟁의 동기는 사적인 이익을 추구하는 인간의 이기적 속성에 기인한다. 국민 각자는 모두가 함께 잘살기 위해서가 아니라 내가 잘 살기 위해서 경쟁을 한다. 모두가 함께 잘 살기 위한 공동의 목적을 달성하기 위한 수단으로 시장경제를 선택한 것이지만 개개인은 이기적인 동기로 시장에 참여하는 것이다. 이와 같이 시장경제는 개인과 공동의 목적이 서로 상반되는 모순을 갖는 것이 그 본질이다. 그래서 시장경제가 제대로 운영되기 위해서는 국가의 소임이 중요하다.

시장경제에서 국가가 할 일은 크게 세 가지로 나누어 볼 수 있다. 첫째는 경쟁을 유도하는 시장 체제를 만드는 것이고, 둘째는 공정한 경쟁이 이루어지도록 시장 질서를 세우는 것이며, 셋째는 경쟁의 결과로 얻은 성과가 모두에게 공평하게 분배되도록 조정하는 것이다. 최근에 벌어지고 있는 시장경제의 논쟁은 세 가지 국가의 역할 중에서 논쟁의 주체들이 자신의 이해관계에 따라서 선택적으로 시장경제를 왜곡하고 있다. 경쟁에서 강자의 위치를 확보한 재벌들은 경쟁 촉진을 주장하면서 공정 경쟁이나 분배를 말하는 것은 반시장적이라고 매도한다. 정치권은 인기 영합의 수단으로, 그리고 일부 노동계는 이기적 동기에서 분배를 주장하면서 분배의 전제가 되는 성장을 위해서 필요한 경쟁을 훼손하는 모순된 주장을 한다. 경제 관료들은 자신의 권력을 강화하기 위한 부처의 이기적인 관점에서 경쟁촉진과 공정 경쟁 사이에서 줄타기 곡예를 하며 분배에 대해서 말하는 것은 금기시한다. 모두가 자신들의 기득권을 위해서 선택적으로 왜곡하고 있다.

경쟁은 원천적으로 공정성을 보장하지 못한다. 서로 다른 능력이 주어진 천부적인 차이는 물론이고, 물려받는 재산과 환경의 차이로 인하여 출발선에서부터 불공정한 경쟁이 시작된다. 그럼에도 불구하고 경쟁은 창의력을 가지고 노력하는 사람에게 성공을 가져다주는 체제이다. 그래서 출발점이 다를지라도 노력과 능력에 따라서 성공의 기회가 제공되도록 보장하기 위해서 공정 경쟁이 중요하다.

경쟁은 또한 분배의 공평성을 보장하지 못한다. 경쟁의 결과는 경쟁에 참여한 모든 사람들의 노력의 결과로 이루어진 것이지, 승자만의 노력으로 이루어진 것은 아니다. 경쟁의 결과가 승자에 의해서 독점된다면 국민들은 경쟁의 참여를 거부할 수밖에 없다. 그래서 경쟁에 참여한 모두에게 공평한 분배가 이루어지는 것이 중요하다.

① 시장경제에서의 개인과 경쟁의 상호 관계
② 시장경제에서의 국가의 역할
③ 시장경제에서의 개인 상호 간의 경쟁
④ 시장경제에서의 경쟁의 양면성과 그 한계
⑤ 시장경제에서의 경쟁을 통한 개개인의 관계

제3회 모의고사

**19** 다음 중 자원관리 단계에 대한 설명으로 적절하지 않은 것은?

① 필요한 자원의 종류 확인 – 일반적으로 '시간, 예산, 물적자원, 인적자원'으로 구분하여 파악한다.
② 필요한 자원의 양 확인 – 필요한 자원이 얼마만큼 필요한지 구체적으로 파악한다.
③ 이용 가능한 자원 수집 – 필요한 양보다 여유 있게 자원을 확보한다.
④ 자원활용계획 수립 – 활동에 투입되는 자원의 희소성을 고려하여 계획을 수립한다.
⑤ 계획에 따른 수행 – 계획대로 업무를 추진한다.

**20** 제시된 명제가 모두 참일 때, 빈칸에 들어갈 명제로 가장 적절한 것은?

> • 마라톤을 좋아하는 사람은 인내심이 있다.
> • 몸무게가 무거운 사람은 체력이 좋고, 명랑한 사람은 마라톤을 좋아한다.
> • 그러므로 _____

① 체력이 좋은 사람은 인내심이 없다.
② 명랑한 사람은 인내심이 있다.
③ 마라톤을 좋아하는 사람은 몸무게가 가볍다.
④ 몸무게가 무겁지 않은 사람은 체력이 좋지 않다.
⑤ 명랑한 사람은 몸무게가 무겁다.

**21** 시계를 1개 만드는 데 명훈이는 30시간, 우진이는 20시간이 걸린다. 명훈이가 3시간, 우진이가 5시간 동안 만든 후, 남은 시간은 둘이 함께 만들어 끝마치려고 한다. 이때, 두 사람이 함께 시계를 만드는 시간은 얼마인가?

① $\dfrac{37}{5}$ 시간

② $\dfrac{39}{5}$ 시간

③ 8시간

④ $\dfrac{42}{5}$ 시간

⑤ $\dfrac{44}{5}$ 시간

**22** K공사 인력지원실 인사부의 P사원은 직원들의 근무평정 업무를 수행하고 있다. 가점평정 기준표를 참고했을 때, P사원이 K과장에게 부여해야 할 가점은?

<가점평정 기준표>

| 구분 | | 내용 | 가점 | 인정 범위 | 비고 |
|---|---|---|---|---|---|
| 근무경력 | | 본부 근무 1개월(본부, 연구원, 인재개발원 또는 정부부처 파견근무기간 포함) | 0.03점 (최대 1.8점) | 1.8점 | 동일 근무기간에 다른 근무경력 가점과 원거리, 장거리 및 특수지 |
| | | 지역본부 근무 1개월 (지역본부 파견근무기간 포함) | 0.015점 (최대 0.9점) | 1.8점 | 가점이 중복될 경우 원거리, 장거리 및 특수지 근무가점은 $\frac{1}{2}$만 인정 |
| | | 원거리 근무 1개월 | 0.035점 (최대 0.84점) | | |
| | | 장거리 근무 1개월 | 0.025점 (최대 0.6점) | | |
| | | 특수지 근무 1개월 | 0.02점 (최대 0.48점) | | |
| 내부평가 | | 내부평가결과 최상위 10% | 월 0.012점 | 0.5점 | 현 직급에 누적됨 (승진 후 소멸) |
| | | 내부평가결과 차상위 10% | 월 0.01점 | | |
| 제안 | 제안상 결정 시 | 금상 | 0.25점 | 0.5점 | 수상 당시 직급에 한정함 |
| | | 은상 | 0.15점 | | |
| | | 동상 | 0.1점 | | |
| | 시행 결과평가 | 탁월 | 0.25점 | 0.5점 | 제안상 수상 당시 직급에 한정함 |
| | | 우수 | 0.15점 | | |

<K과장 가점평정 사항>

• 입사 후 36개월 동안 본부에서 연구원으로 근무
• 지역본부에서 24개월 근무
  – 지역본부에서 24개월 근무 중 특수지에서 12개월 동안 파견근무
• 본부로 복귀 후 현재까지 총 23개월 근무
• 팀장(직급 : 과장)으로 승진 후 현재까지
  – 내부평가결과 최상위 10% 총 12회
  – 내부평가결과 차상위 10% 총 6회
  – 금상 2회, 은상 1회, 동상 1회 수상
  – 시행결과평가 탁월 2회, 우수 1회

① 3.284점      ② 3.454점
③ 3.604점      ④ 3.854점
⑤ 3.974점

### 눈의 건조가 시력저하 부른다?

세상을 보는 창인 '눈'은 사계절 중 특히 봄에 건강을 위협받기 쉽다. 건조한 날씨와 더불어 꽃가루, 황사 먼지 등이 우리 눈에 악영향을 끼치기 때문이다. 그 예로 들 수 있는 것이 눈의 건조증이다. 눈이 건조해지면 눈이 쉽게 피로하고 충혈되는 증상이 나타난다. 그리고 여기에 더해 시력이 떨어지는 일이 일어나기도 한다.

우리는 가까운 사물을 볼 때 눈을 잘 깜빡거리지 않는 경향이 있다. 이런 경향은 TV 화면, 컴퓨터, 스마트폰 등에 집중할 때 더해진다. 이 경우 눈의 건조는 더욱 심해질 수밖에 없다. 그렇다면 어떻게 해야 할까? 수시로 수분을 섭취하고 눈을 자주 깜빡이면서 눈의 건조를 막으려는 노력을 해야 한다. 또 1시간에 한 번 2 ~ 3분씩 눈을 감은 상태에서 눈동자를 굴리는 것도 눈 근육 발달에 도움을 주어 시력 저하를 막을 수 있다. 가벼운 온찜질로 눈의 피로를 풀어주는 것도 좋은 방법이다.

### 컴퓨터 화면 증후군 예방법

미국안과의사협회와 코넬 대학은 컴퓨터 화면 증후군을 '컴퓨터 가까이에서 일하거나 컴퓨터를 사용하는 동안 올바른 작업 환경에서 일하지 못해서 눈과 시력에 생기는 여러 가지 증상'이라고 정의한다. 최근 컴퓨터 화면 증후군이 점점 더 많아지고 있는 가운데 미국안과의사협회에서는 컴퓨터 화면 증후군 예방법을 내놓았다.

가장 필요한 것은 눈에 휴식을 주는 것이다. 1시간에 5 ~ 10분 정도 눈을 쉬어 주는 것은 눈 건강에 도움이 된다. 또한 시력은 평생 변하므로 시력이 좋은 사람이라도 정기적인 안과 검사를 통해 시력 교정을 해주어야 하며, 노안이 시작되는 사람은 컴퓨터 사용을 위한 작업용 안경을 맞추는 것이 좋다. 또 업무 시간 내 연속적인 컴퓨터 작업을 피해 전화 걸기, 고객 접대 같은 눈에 무리가 가지 않는 일을 하는 것이 좋으며 야간작업을 할 때는 실내 전체 조명은 어둡게 하고 부분 조명을 사용하면 서로 다른 빛 방향으로 시력이 증진된다고 전했다. 컴퓨터를 자주 사용하는 사람은 보호 필터를 설치하고 모니터의 글씨를 크게 하여 눈이 뚫어지게 집중하는 것을 피하는 것이 좋다.

### 눈 건강을 위한 영양소

칼슘은 뼈와 치아뿐 아니라 인체 조직의 회복을 돕는 데 전반적인 작용을 한다. 특히 눈을 깜빡이는 근육의 힘이나 염증을 치료하는 데 탁월한 효과를 보인다. 또한, 눈과 관련된 영양소 중 가장 많이 알려진 것은 바로 비타민 A다. 야맹증과 안구건조증, 결막염에 효과가 좋으며 비타민 A와 관련된 복합체 중 하나인 카로티노이드는 망막과 황반의 구성 성분으로 노안으로 시력이 감퇴하는 것을 막아 준다. 다음으로 비타민 C는 피로 회복에 도움을 주고 백내장 발병률을 저하시키며 루틴은 눈 건강을 위한 항염 작용에 도움이 된다. 특히 혈행을 개선해 주는 효과가 탁월한 오메가3는 망막의 구성 성분으로 나이가 들수록 퇴화하는 망막 세포의 손상을 막아 주고, 비타민 B는 시신경 세포의 물질대사를 활발하게 만들어 시신경을 튼튼하고 건강하게 해준다.

**23** 다음 중 눈 건강을 위한 행동으로 가장 적절한 것은?

① 가까운 사물을 볼 때 눈을 잘 깜빡거리지 않는다.
② 시력이 1.5 이상이면 2년에 한 번 안과검진을 받는다.
③ 비타민 A와 C는 다량 섭취하면 오히려 눈 건강에 좋지 않으니 소량만 섭취한다.
④ 야간작업 시 실내 전체 조명은 어둡게 하고 부분 조명을 사용한다.
⑤ 컴퓨터를 자주 사용할 시 모니터의 글씨 크기를 작게 하여 동공의 확장을 유도한다.

**24** 다음 중 눈 건강을 위한 영양소와 효능이 올바르게 짝지어지지 않은 것은?

① 칼슘 – 눈 근육의 힘, 염증 치료
② 비타민 A – 야맹증, 안구건조증, 결막염
③ 카로티노이드 – 시력 감퇴 예방
④ 비타민 C – 피로 회복, 백내장 발병률 저하
⑤ 루틴 – 망막 세포의 손상 예방

**25** 아이스크림을 제조·판매하는 B회사의 K연구원은 연간 아이스크림 판매량이 그해 여름의 평균 기온에 크게 좌우된다는 사실을 발견했다. K연구원의 연구결과가 다음 자료와 같고, 일기예보에 따르면 내년 여름의 평균 기온이 예년보다 높을 확률이 0.5, 예년과 비슷할 확률이 0.3, 예년보다 낮을 확률이 0.2라고 할 때, B회사가 내년에 목표액을 달성할 확률은?

〈기온에 따른 판매 목표액을 달성할 확률〉

| 예년 기준 기온 | 높을 경우 | 비슷할 경우 | 낮을 경우 |
|---|---|---|---|
| 확률 | 0.85 | 0.6 | 0.2 |

① 0.565
② 0.585
③ 0.605
④ 0.625
⑤ 0.645

안심Touch

예술 작품에 대한 감상이나 판단은 주관적이라 할 수 있다. 그렇다고 하더라도 어떤 사람의 감상이나 판단은 다른 사람들보다 더 좋거나 나쁠 수도 있지 않을까? 혹은 덜 발달되었을 수도, 더 세련되었을 수도 있지 않을까? 이러한 의문과 관련하여 우리는 흄(D. Hume)의 설명을 참조할 수 있다.

흄은 예술적인 판단이란, 색이나 맛과 같은 지각 가능한 성질에 대한 판단과 유사하다고 하면서, ㉮'돈키호테'에 나오는 이야기를 소개한다. 마을 사람들이 포도주를 즐기고 있었는데 두 명의 '전문가'가 불평을 한다. 한 사람은 쇠 맛이 살짝 난다고 했고 또 다른 사람은 가죽맛이 향을 망쳤다고 했다. 마을 사람들은 그들을 비웃었지만, 포도주 통 밑바닥에서 가죽끈에 묶인 녹슨 열쇠가 발견되었다. 이 전문가들은 마을 사람들이 느낄 수 없었던 포도주 맛의 요소들을 식별해낸 셈이다.

이는 예술적인 식별과 판단에서도 마찬가지다. 훈련받지 못한 사람은 서로 다른 악기의 소리나 화음의 구성을 구별해낼 수 없을 것이다. 또한 구도나 색 또는 명암의 대비, 중요한 암시를 알아내기 어려울 것이다. 이런 것들은 다양한 작품을 감상하고 세련된 감수성을 지닌 사람들의 말을 들음으로써, 또는 좋은 비평을 읽음으로써 계발될 수 있다. 이처럼 예술적 판단이나 식별이 계발될 수 있다 해도 의문은 남는다. 포도주의 맛을 알아챈 전문가들에게는 가죽끈에 묶인 녹슨 열쇠가 있었지만, 예술 비평가들의 판단이나 식별이 올바르다는 것은 어떻게 알 수 있는가?

이 질문에 답하기 위해 흄은 '진정한 판관(True Judge)'이라는 개념을 제안했다. 흄이 말한 진정한 판관은, 세련된 감수성과 섬세한 감각을 가졌으며 부단한 연습과 폭넓은 경험으로 식별력을 키운 사람이다. 그리고 편견이나 편애와 같은 작품 외적 요소들에서 벗어나 있으며, 당대의 일시적인 유행에도 거리를 두고 작품을 볼 수 있는 사람이다. 이러한 조건들을 갖추었을 때 그는 비로소 예술 작품을 식별하고 평가할 수 있는 자격을 얻게 된다. 또한 흄은 '시간의 테스트'를 넘어서, 즉 시간과 공간의 장벽을 가로질러 그 가치를 인정받는 작품들에 주목하였다. 다양한 시대와 문화, 태도들의 차이가 있음에도 불구하고, 그 작품들의 진정한 가치를 알아보고 그것에 매혹되어 온 최고의 비평가들이 있었다.

이처럼 예술 비평가들의 판단과 식별의 타당성은 이들이 갖춘 비평가로서의 자격, 이들이 알아보고 매혹된 위대한 작품들의 존재를 통해서 입증될 수 있다는 것이다. 이러한 흄의 생각은 분명 그럴듯한 점이 있다. 우리가 미켈란젤로와 카라바조, 고야, 렘브란트의 작품을 그 작품들이 창조된 지 수백 년이 지난 후에도 여전히 감상하고 있다는 사실은 그 작품이 지닌 힘과 위대함을 증명해준다.

그렇지만 또 하나의 의문이 여전히 남는다. ㉯자격을 갖춘 비평가들, 심지어는 최고의 비평가들에게서조차 비평의 불일치가 생겨난다는 점이다. 흄은 이러한 불일치를 낳는 두 개의 근원을 지적했는데, 비평가 개인의 성격적인 기질의 차이가 그 하나이다. 또한 자격을 갖춘 비평가라 할지라도 자기 시대의 특정한 믿음이나 태도, 가정들에서 완전히 자유로울 수는 없기 때문에 불일치가 생겨난다고 하였다. 이에 따르면 살아있던 당시에는 갈채를 받았던 예술가의 작품이 시간이 흐르면서 왜 역사의 뒤안길로 사라지곤 하는지도 설명할 수 있다. 평범한 사람에게든 자격을 갖춘 비평가에게든 그런 작품들이 당시의 사람들에게 가졌던 호소력은, 그 시대에만 특별했던 태도나 가정에 의존해 있었을 가능성이 크기 때문이다.

**26** 다음 중 제시된 글의 전개 방식에 대한 설명으로 가장 적절한 것은?

① 흄의 견해를 순차적으로 소개한 후 비판적으로 평가하고 있다.
② 의문들을 제기하면서 흄의 견해에 근거하여 순차적으로 답변하고 있다.
③ 제기된 의문들과 관련하여 흄의 견해가 변화해 가는 과정을 밝히고 있다.
④ 흄의 견해에 근거하여 통상적인 의문들에 내포된 문제점을 고찰하고 있다.
⑤ 흄의 견해에 근거하여 제기된 의문들에 대한 기존의 답변들을 비판하고 있다.

**27** 다음 중 ㉮에서 ㉯에 해당하는 내용으로 볼 수 있는 것은?

① 마을 사람들은 '전문가'들의 진단을 비웃었다.
② 마을 사람들은 포도주 맛의 요소들을 식별하지 못했다.
③ 포도주 통 밑바닥에서 가죽끈에 묶인 녹슨 열쇠가 발견되었다.
④ 포도주의 이상한 맛에 대한 '전문가'들의 원인 진단이 서로 달랐다.
⑤ 마을 사람들과는 달리 '전문가'들은 포도주 맛에 대해 불평을 했다.

**28** 다음 글의 주제로 가장 적절한 것은?

> 우유니 사막은 세계 최대의 소금사막으로 남아메리카 중앙부 볼리비아의 포토시주(州)에 위치한 소금 호수로, '우유니 소금사막' 혹은 '우유니 염지' 등으로 불린다. 지각변동으로 솟아오른 바다가 빙하기를 거쳐 녹기 시작하면서 거대한 호수가 생겨났다. 면적은 1만 2,000km²이며 해발고도 3,680m의 고지대에 위치한다. 물이 배수되지 않는 지형적 특성 때문에 물이 고여 얕은 호수가 되었으며, 소금으로 덮인 수면 위에 푸른 하늘과 흰 구름이 거울처럼 투명하게 반사되어 관광지로도 이름이 높다.
> 소금층 두께는 30cm부터 깊은 곳은 100m 이상이며 호수의 소금 매장량은 약 100억 톤 이상이다. 우기인 12월에서 3월 사이에는 20~30cm의 물이 고여 얕은 염호를 형성하는 반면, 긴 건기 동안에는 표면뿐만 아니라 사막의 아래까지 증발한다. 특이한 점은 지역에 따라 호수의 색이 흰색, 적색, 녹색 등의 다른 빛깔을 띤다는 점이다. 이는 호수마다 쌓인 침전물의 색깔과 조류의 색깔이 다르기 때문이다. 또한 소금 사막 곳곳에서는 커다란 바위부터 작은 모래까지 한꺼번에 섞인 빙하성 퇴적물들과 같은 빙하의 흔적들을 볼 수 있다.

① 우유니 사막의 기후와 식생
② 우유니 사막의 주민 생활
③ 우유니 사막의 자연지리적 특징
④ 우유니 사막 이름의 유래
⑤ 우유니 사막의 관광 상품 종류

**29** 다음 글의 주제로 가장 적절한 것은?

경제학에서는 한 재화나 서비스 등의 공급이 기업에 집중되는 양상에 따라 시장 구조를 크게 독점시장, 과점시장, 경쟁시장으로 구분하고 있다. 소수의 기업이 공급 대부분을 차지할수록 독점시장에 가까워지고, 다수의 기업이 공급을 나누어 가질수록 경쟁 시장에 가까워진다. 이렇게 시장 구조를 구분하기 위해서 사용하는 지표 중의 하나가 바로 '시장집중률'이다.

시장집중률을 이해하기 위해서는 먼저 '시장점유율'에 대한 이해가 있어야 한다. 시장점유율이란 시장 안에서 특정 기업이 차지하고 있는 비중을 의미하는데, 생산량, 매출액 등을 기준으로 측정할 수 있다. Y기업의 시장점유율을 생산량 기준으로 측정한다면 '(Y기업의 생산량)÷(시장 내 모든 기업의 생산량의 총합)×100'으로 나타낼 수 있다. 시장점유율이 시장 내 한 기업의 비중을 나타내 주는 수치라면, 시장집중률은 시장 내 일정 수의 상위 기업들이 차지하는 비중을 나타내 주는 수치, 즉 일정 수의 상위 기업의 시장점유율을 합한 값이다. 몇 개의 상위 기업을 기준으로 삼느냐는 나라마다 자율적으로 결정하고 있는데, 우리나라에서는 상위 3대 기업의 시장점유율을 합한 값을, 미국에서는 상위 4대 기업의 시장점유율을 합한 값을 시장집중률로 채택하여 사용하고 있다. 이렇게 산출된 시장집중률을 통해 시장 구조를 구분해 볼 수 있는데, 시장집중률이 높으면 그 시장은 공급이 소수의 기업에 집중되어 있는 독점시장으로 구분하고, 시장집중률이 낮으면 공급이 다수의 기업에 의해 분산되어 있는 경쟁시장으로 구분한다. 한국개발연구원에서는 어떤 산업에서의 시장집중률이 80% 이상이면 독점시장, 60% 이상 80% 미만이면 과점시장, 60% 미만이면 경쟁시장으로 구분하고 있다. 시장집중률을 측정하는 기준에는 여러 가지가 있기 때문에 어느 것을 기준으로 삼느냐에 따라 측정 결과에 차이가 생기며, 이에 대한 경제학적인 해석도 달라진다. 어느 시장의 시장집중률을 '생산량' 기준으로 측정했을 때 A, B, C기업이 상위 3대 기업이고 시장집중률이 80%로 측정되었다고 하더라도, '매출액' 기준으로 측정했을 때는 D, E, F기업이 상위 3대 기업이 되고 시장집중률이 60%가 될 수도 있다.

이처럼 시장집중률은 시장 구조를 구분하는 데 매우 유용한 지표이며, 이를 통해 시장 내의 공급이 기업에 집중되는 양상을 파악해 볼 수 있다.

① 시장 구조의 변천사
② 시장집중률의 개념과 의의
③ 독점시장과 경쟁시장의 비교
④ 우리나라 시장점유율의 특성
⑤ 시장집중률을 확대하기 위한 방안

**30** 다음 중 글의 제목으로 가장 적절한 것은?

우리는 처음 만난 사람의 외모를 보고, 그를 어떤 방식으로 대우해야 할지를 결정할 때가 많다. 그가 여자인지 남자인지, 얼굴색이 흰지 검은지, 나이가 많은지 적은지 혹은 그의 스타일이 조금은 상류층의 모습을 띠고 있는지 아니면 너무나 흔해서 별 특징이 드러나 보이지 않는 외모를 하고 있는지 등을 통해 그들과 나의 차이를 재빨리 감지한다. 일단 감지가 되면 우리는 둘 사이의 지위 차이를 인식하고 우리가 알고 있는 방식으로 그를 대하게 된다. 한 개인이 특정 집단에 속한다는 것은 단순히 다른 집단의 사람과 다르다는 것뿐만 아니라, 그 집단이 다른 집단보다는 지위가 높거나 우월하다는 믿음을 갖게 한다. 모든 인간은 평등하다는 우리의 신념에도 불구하고 왜 인간들 사이의 이러한 위계화(位階化)를 당연한 것으로 받아들일까? 위계화란 특정 부류의 사람들은 자원과 권력을 소유하고 다른 부류의 사람들은 낮은 사회적 지위를 갖게 되는 사회적이며 문화적인 체계이다. 다음에서 우리는 이러한 불평등이 어떠한 방식으로 경험되고 조직화되는지를 살펴보기로 하자.

인간이 불평등을 경험하게 되는 방식은 여러 측면으로 나눌 수 있다. 산업 사회에서의 불평등은 계층과 계급의 차이를 통해서 정당화되는데, 이는 재산, 생산 수단의 소유 여부, 학력, 집안 배경 등등의 요소들의 결합에 의해 사람들 사이의 위계를 만들어 낸다. 또한 모든 사회에서 인간은 태어날 때부터 얻게 되는 인종, 성, 종족 등의 생득적 특성과 나이를 통해 불평등을 경험한다. 이러한 특성들은 단순히 생물학적인 차이를 지칭하는 것이 아니라, 개인의 열등성과 우등성을 가늠하게 만드는 사회적 개념이 되곤 한다.

한편 불평등이 재생산되는 다양한 사회적 기제들이 때로는 관습이나 전통이라는 이름 아래 특정 사회의 본질적인 문화적 특성으로 간주되고 당연시되는 경우가 많다. 불평등은 체계적으로 조직되고 개인에 의해 경험됨으로써 문화의 주요 부분이 되었고, 그 결과 같은 문화권 내의 구성원들 사이에 권력 차이와 그에 따른 폭력이나 비인간적인 행위들이 자연스럽게 수용될 때가 많다.

문화 인류학자들은 사회 집단의 차이와 불평등, 사회의 관습 또는 전통이라고 얘기되는 문화 현상에 대해 어떤 입장을 취해야 할지 고민하고 있다. 문화 인류학자가 이러한 문화 현상은 고유한 역사적 산물이므로 나름대로 가치를 지닌다는 입장만을 반복하거나 단순히 관찰자로서의 입장에 안주한다면, 이러한 차별의 형태를 제거하는 데 도움을 줄 수 없다. 실제로 문화 인류학 연구는 기존의 권력관계를 유지시켜주는 다양한 문화적 이데올로기를 분석하고, 인간 간의 차이가 우등성과 열등성을 구분하는 지표가 아니라 동등한 다름일 뿐이라는 것을 일깨우는 데 기여해 왔다.

① 차이와 불평등
② 차이의 감지 능력
③ 문화 인류학의 역사
④ 위계화의 개념과 구조
⑤ 관습과 전통의 계승과 창조

**31** 출장을 가는 K사원은 오후 2시에 출발하는 KTX를 타기 위해 오후 12시 30분 역에 도착하였다. K사원은 남은 시간을 이용하여 음식을 미리 포장한 후 2시에 출발하는 열차에서 식사를 하려고 한다. 역에서 주변 음식점까지의 거리는 다음과 같으며, 음식을 포장하는 데 모든 음식점이 15분이 걸린다고 한다. K사원이 시속 3km로 걸어서 갔다 올 때, 구입할 수 있는 음식의 종류를 나열한 것은?(단, 2시 이전 역에 도착해야 하며 다른 조건은 고려하지 않는다)

| 음식점 | G김밥 | P빵집 | N햄버거 | M만두 | B도시락 |
|---|---|---|---|---|---|
| 거리 | 2km | 1.9km | 1.8km | 1.95km | 1.7km |

① 도시락
② 도시락, 햄버거
③ 도시락, 햄버거, 빵
④ 도시락, 햄버거, 빵, 만두
⑤ 도시락, 햄버거, 빵, 만두, 김밥

**32** P씨는 지난 15년간 외식프랜차이즈를 운영하면서 다수의 가맹점을 관리해왔으며, 2021년 말 기준으로 총 52개의 점포를 보유하고 있다. 다음의 자료를 참고하였을 때, 가장 많은 가맹점이 있었던 시기는 언제 인가?

〈A프랜차이즈 개업 및 폐업 현황〉

(단위 : 개점)

| 구분 | 2015년 | 2016년 | 2017년 | 2018년 | 2019년 | 2020년 | 2021년 |
|---|---|---|---|---|---|---|---|
| 개업 | 5 | 10 | 1 | 5 | 0 | 1 | 11 |
| 폐업 | 3 | 4 | 2 | 0 | 7 | 6 | 5 |

※ 점포 현황은 매년 초부터 말까지 조사한 내용임

① 2016년 말　　　　　　　　② 2017년 말
③ 2018년 말　　　　　　　　④ 2019년 말
⑤ 2020년 말

**33** 다음 〈조건〉을 보고 추론한 것으로 옳은 것을 〈보기〉에서 모두 고르면?

〈조건〉

6명의 선수 A ~ F가 참가하는 어떤 게임은 다음 조건을 만족한다고 한다. 이 게임에서 선수 X가 선수 Y에게 우세하면 선수 Y는 선수 X에게 열세인 것으로 본다.

- A, B, C 각각은 D, E, F 중 정확히 2명에게만 우세하다.
- D, E, F 각각은 A, B, C 중 정확히 2명에게만 열세이다.
- A는 D와 E에게 우세하다.

〈보기〉

ㄱ. C는 E에게 우세하다.
ㄴ. F는 B와 C에게 열세이다.
ㄷ. B가 E에게 우세하면 C는 D에게 우세하다.

① ㄱ
② ㄴ
③ ㄷ
④ ㄱ, ㄷ
⑤ ㄴ, ㄷ

**34** G공사는 사우회 참석자들에게 과자를 1인당 8개씩 나누어 주려고 한다. 10개씩 들어 있는 과자 17상자를 준비하였더니 과자가 남았고, 남은 과자를 1인당 1개씩 더 나누어 주려고 하니 부족했다. 추가적으로 9명이 더 참석한다면 과자 6상자를 추가해야 참석자 모두에게 1인당 8개씩 나누어 주고 남길 수 있다. 처음 사우회 참석자 수는 몇 명인가?

① 18명
② 19명
③ 20명
④ 21명
⑤ 22명

**35** 다음은 8개국 무역수지에 관한 국제통계 자료이다. 이에 대한 설명으로 옳지 않은 것은?

〈8개국 무역수지〉

(단위 : 백만 USD)

| 구분 | 한국 | 그리스 | 노르웨이 | 뉴질랜드 | 대만 | 독일 | 러시아 | 미국 |
|------|------|--------|----------|----------|------|------|--------|------|
| 7월 | 40,882 | 2,490 | 7,040 | 2,825 | 24,092 | 106,308 | 22,462 | 125,208 |
| 8월 | 40,125 | 2,145 | 7,109 | 2,445 | 24,629 | 107,910 | 23,196 | 116,218 |
| 9월 | 40,846 | 2,656 | 7,067 | 2,534 | 22,553 | 118,736 | 25,432 | 122,933 |
| 10월 | 41,983 | 2,596 | 8,005 | 2,809 | 26,736 | 111,981 | 24,904 | 125,142 |
| 11월 | 45,309 | 2,409 | 8,257 | 2,754 | 25,330 | 116,569 | 26,648 | 128,722 |
| 12월 | 45,069 | 2,426 | 8,472 | 3,088 | 25,696 | 102,742 | 31,128 | 123,557 |

① 한국 무역수지의 전월 대비 증가량이 가장 많았던 달은 11월이다.

② 뉴질랜드의 무역수지는 8월 이후 지속해서 증가하였다.

③ 그리스의 12월 무역수지의 전월 대비 증가율은 약 0.7%이다.

④ 10월부터 12월 사이 한국의 무역수지 변화 추이와 같은 양상을 보이는 나라는 2개국이다.

⑤ 12월 무역수지가 7월 대비 감소한 나라는 그리스, 독일, 미국이다.

**36** $A$%의 소금물에 물을 200g 더 넣었더니 4%의 소금물이 되었다. 처음 소금물의 양은?

① $\dfrac{800}{A-4}$ g

② $\dfrac{600}{A-4}$ g

③ $\dfrac{800}{A-8}$ g

④ $\dfrac{600}{A-8}$ g

⑤ $\dfrac{800}{A-6}$ g

**37** 다음의 대화 내용과 원/100엔 환율 정보를 참고하였을 때, A사원의 대답으로 가장 적절한 것은?

> A사원 : 팀장님, 한 달 뒤에 2박 3일간 일본에서 해외교육연수가 있다는 거 알고 계시죠? 그런데 숙박요금이 어떻게 될지….
>
> B팀장 : 그래, 알고 있지. 헌데 무슨 문제라도 생겼나? 예전에 1박당 13,000엔으로 숙박 당일에 현찰로 지불한다고 예약해뒀던 것 같은데.
>
> A사원 : 네, 맞습니다. 그런데 그곳에 다시 전화해보니 오늘까지 전액을 송금하면 10% 할인을 해준다고 합니다. 하지만 문제는 환율입니다. 오늘 뉴스에서 원/100엔 환율이 하락하는 추세인데, 이게 향후 지속된다고 합니다.
>
> B팀장 : 그럼 서로 비교해 봐야 하겠군. A사원, 어떤 방안이 더 절약할 수 있지?
>
> A사원 : ＿＿＿＿＿＿＿＿＿＿＿＿＿＿＿

〈원/100엔 환율 정보〉

| 구분 | 매매기준율(원) | 현찰(원) | | 송금(원) | |
| --- | --- | --- | --- | --- | --- |
| | | 살 때 | 팔 때 | 보낼 때 | 받을 때 |
| 오늘 | 1,110 | 1,130 | 1,090 | 1,120 | 1,100 |
| 한 달 뒤 | 990 | 1,010 | 970 | 1,000 | 980 |

※ 환전 시 소수점 단위 금액은 절사함

① 비교해 보니 오늘 전액을 송금하는 것이 260원 더 저렴합니다.
② 비교해 보니 오늘 전액을 송금하는 것이 520원 더 저렴합니다.
③ 비교해 보니 한 달 뒤에 결제하는 것이 260원 더 저렴합니다.
④ 비교해 보니 한 달 뒤에 결제하는 것이 520원 더 저렴합니다.
⑤ 비교해 보니 한 달 뒤에 결제하는 것이 4,420원 더 저렴합니다.

**38** A씨는 인터넷이 가능한 휴대폰을 구입하기 위해 매장에 들렀다. 통화품질, 데이터 이용편의성, 디자인 등의 조건은 동일하기 때문에 결정 계수가 가장 낮은 제품을 구매하려고 한다. 다음 중 A씨가 선택할 휴대폰은?

〈휴대폰 모델별 구분〉

| 모델 | 통신 종류 | 할부 개월 | 단말기 가격(원) | 월 납부요금(원) |
|---|---|---|---|---|
| A | LTE | 24 | 300,000 | 34,000 |
| B | LTE | 24 | 350,000 | 38,000 |
| C | 3G | 36 | 250,000 | 25,000 |
| D | 3G | 36 | 200,000 | 23,000 |
| E | 무(無)데이터 | 24 | 150,000 | 15,000 |

〈휴대폰 모델 결정 계수〉

결정 계수 : (할부 개월)×10,000+(단말기 가격)×0.5+(월 납부요금)×0.5

① A모델  
② B모델  
③ C모델  
④ D모델  
⑤ E모델

**39** 회사의 업무상 중국 베이징에서 회의에 참석한 김 대리는 회사에서 급한 연락을 받았다. 자사 공장이 있는 다롄에도 시찰을 다녀오라는 것이었다. 김 대리가 선택할 수 있는 교통수단이 다음과 같을 때, 어떤 교통편을 선택하겠는가?(단, 김 대리는 가격 기준이 가장 낮은 교통편을 선택한다)

| 교통편명 | 교통수단 | 시간(H) | 요금(원) |
|---|---|---|---|
| CZ3650 | 비행기 | 2 | 500,000 |
| MU2744 | 비행기 | 3 | 200,000 |
| G820 | 고속열차 | 5 | 120,000 |
| Z391 | 고속열차 | 6 | 100,000 |
| D42 | 고속열차 | 8 | 70,000 |

※ (김 대리의 가격 기준)=[시간(H)]×1,000,000×0.6+[요금(원)]×0.8

① CZ3650  
② MU2744  
③ G820  
④ Z391  
⑤ D42

**40** 시계 광고에서 시계는 항상 10시 10분을 가리킨다. 그 이유는 이 시각이 회사 로고가 가장 잘 보이며 시곗바늘이 이루는 각도도 가장 안정적이기 때문이다. 시계가 10시 10분을 가리킬 때 시침과 분침이 이루는 작은 쪽의 각도는?

① 115°                                    ② 145°

③ 175°                                    ④ 205°

⑤ 215°

**41** 어느 버스회사에서 A지점에서 B지점을 연결하는 버스 노선을 개통하기 위해 새로운 버스를 구매하려고 한다. 〈보기〉와 같이 노선을 운행하려고 할 때, 최소 몇 대의 버스를 주문해야 하며 이때 필요한 운전사는 최소 몇 명인가?

〈보기〉

1) 새 노선의 왕복 시간 평균은 2시간이다(승하차 시간을 포함).
2) 배차시간은 15분 간격이다.
3) 운전사의 휴식시간은 매 왕복 후 30분씩이다.
4) 첫차의 발차는 05시 정각에, 막차는 23시에 A지점을 출발한다.
5) 모든 차는 A지점에 도착하자마자 B지점으로 출발하는 것을 원칙으로 한다.
   즉, A지점에 도착하는 시간이 바로 B지점으로 출발하는 시간이다.
6) 모든 차는 A지점에서 출발해서 A지점으로 복귀한다.

|     | 버스 | 운전사 |
|-----|------|--------|
| ①   | 6대  | 8명    |
| ②   | 8대  | 10명   |
| ③   | 10대 | 12명   |
| ④   | 12대 | 14명   |
| ⑤   | 14대 | 16명   |

※ 귀하는 최근 개장한 A한식 뷔페 마포지점의 고객 현황을 분석하여 다음의 결과를 도출하였다. 이어지는 질문에 답하시오. [42~44]

〈A한식 뷔페 마포지점 고객 현황〉

■ 일반현황
- 운영시간 : 런치 11:00 ~ 15:00, 디너 16:00 ~ 20:00
- 직원 수 : 30명
- 수용인원 : ___명

■ 주요 시간대별 고객출입현황
- 런치타임

| 11:00 ~ 11:30 | 11:30 ~ 12:30 | 12:30 ~ 13:30 | 13:30 ~ 14:30 |
|---|---|---|---|
| 20명 | 2분당 +3명, 5분당 −1명 | 1분당 +2명, 6분당 −5명 | 5분당 +6명, 3분당 −2명 |

- 디너타임

| 16:00 ~ 16:30 | 16:30 ~ 17:30 | 17:30 ~ 18:30 | 18:30 ~ 19:30 |
|---|---|---|---|
| 20명 | 2분당 +7명, 3분당 −7명 | 1분당 +3명, 5분당 −6명 | 5분당 +4명, 3분당 −3명 |

※ 타임별 개장 후 30분 동안은 고객의 추가 출입이 없음
※ 타임별 마감 전 30분 동안은 고객을 받지 않음

**42** 12시 정각에 매장에서 식사하고 있는 고객 수를 세어 보았다면 총 몇 명인가?
① 58명
② 59명
③ 60명
④ 61명
⑤ 62명

**43** 런치가격이 10,000원이고, 디너가격이 15,000원이라면 하루 동안 벌어들이는 매출액은 얼마인가?
① 6,850,000원
② 7,700,000원
③ 9,210,000원
④ 9,890,000원
⑤ 11,550,000원

**44** 조사 당일에 만석이었던 적이 한 번 있었다고 한다면, 매장의 좌석은 모두 몇 석인가?

① 200석                      ② 208석

③ 220석                      ④ 236석

⑤ 242석

**45** 다음은 A ~ C대학교 입학 및 졸업자 인원 현황에 대한 자료이다. 빈칸에 들어갈 값으로 가장 적절한 것은?(단, 각 수치는 매년 일정한 규칙으로 변화한다)

<대학교별 입학 및 졸업자 추이>

(단위 : 명)

| 구분 | A대학교 | | B대학교 | | C대학교 | |
|---|---|---|---|---|---|---|
| | 입학 | 졸업 | 입학 | 졸업 | 입학 | 졸업 |
| 2017년 | 670 | 613 | 502 | 445 | 422 | 365 |
| 2018년 | 689 | 632 | 530 | 473 | 436 | 379 |
| 2019년 | 740 | 683 | 514 | | 452 | 395 |
| 2020년 | 712 | 655 | 543 | 486 | 412 | 355 |
| 2021년 | 749 | 692 | 540 | 483 | 437 | 380 |

① 448                      ② 457

③ 462                      ④ 473

⑤ 487

안심Touch

**46** K사원의 취미는 여행이다. 해외여행을 목표로 1년 전부터 S항공 마일리지가 적립되는 H카드를 이용해 왔는데, 그동안 적립한 마일리지만을 사용하여 가능한 좋은 등급의 자리로 편도 항공권을 결제할 예정이다. 다음 중 K사원이 선택할 나라는?(단, 결제 시 항공 마일리지는 최대한 사용한다)

---

■ K씨의 지난 1년간 카드결제금액 내역

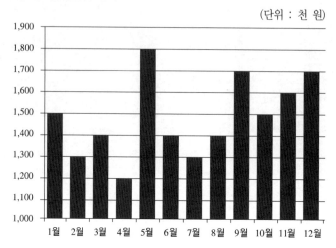

(단위 : 천 원)

■ H카드 적립혜택
• 결제금액 30만 원 이하 구간 : 1,000원당 3마일리지 적립
• 결제금액 80만 원 이하 구간 : 1,000원당 5마일리지 적립
• 결제금액 80만 원 초과 구간 : 1,000원당 10마일리지 적립
  예 90만 원의 항공권을 결제한 경우

$$\left[\left(\frac{300,000}{1,000}\right)\times 3\right]+\left[\left(\frac{800,000-300,000}{1,000}\right)\times 5\right]+\left[\left(\frac{900,000-800,000}{1,000}\right)\times 10\right]$$
$$=900+2,500+1,000=4,400마일리지$$

■ S항공 마일리지 공제표(편도)

| 구간 | | 일반석 | 프레스티지석 | 일등석 |
|---|---|---|---|---|
| 한국 내 국내선 | | 10,000 | 12,000 | – |
| 한국발 | 일본 / 중국 / 동북아 | 30,000 | 45,000 | 65,000 |
| | 동남아 | 40,000 | 70,000 | 90,000 |
| | 서남아 | 50,000 | 90,000 | 115,000 |
| | 북미 / 대양주 / 유럽 / 중동 / 아프리카 | 70,000 | 125,000 | 160,000 |
| | 남미 | 100,000 | 180,000 | 220,000 |

① 중국
③ 서남아
⑤ 남미
② 동남아
④ 유럽

A회사는 텀블러를 생산한다. 텀블러 뚜껑을 생산하는 기계는 소비전력이 5,000W이고, 하루 8시간 가동하면 한 달 기준 전기 사용량이 1,200kWh로 전기 사용료가 84만 원, 연료비는 100만 원이 든다. A회사는 비용 절감을 위해 다양한 제품의 생산 비용을 분석하고, 텀블러 뚜껑을 생산하는 고정 비용의 비율이 A회사 전체 제품 생산 비용의 45%인 것으로 밝혀졌다. 이에 따라 임원진은 텀블러 뚜껑 생산 비용의 절감을 요구하였다.

텀블러 뚜껑 생산팀장인 귀하는 C회사의 설비를 설치하면 연료비가 한 달 기준 75만 원으로 줄어드는 효과가 있다는 것을 알았다. C회사의 설비를 설치하는 데 드는 비용은 1,000만 원이다. 또 다른 회사 F회사의 설비는 소비전력을 1,500W나 감소시켜 한달 기준 전기 사용량이 840kWh로 감소한다. 한 달 기준 전기 사용료를 25% 절감할 수 있는 것이다. F회사의 설비를 설치하는 데 드는 비용은 5,000만 원이다.

**47** A회사는 다음 상황을 바탕으로 임원진 회의를 통해 C회사의 설비를 설치하기로 결정하였다. 최소 몇 달 이상을 사용해야 손해를 보지 않는가?

① 3년 3개월　　　　　　　　　② 3년 4개월
③ 3년 5개월　　　　　　　　　④ 3년 6개월
⑤ 3년 7개월

**48** A회사는 C회사와 F회사의 설비를 함께 설치하기로 결정하여 약 5년간 사용하였다. 그 후 텀블러 뚜껑 기계를 교체하게 되면서 C회사와 F회사의 설비를 다른 회사에 1,000만 원에 판매하였다면 이익이나 손해는 얼마인가?(단, 설비의 감가상각률은 고려하지 않는다)

① 1,760만 원 이익　　　　　　② 2,240만 원 이익
③ 2,240만 원 손해　　　　　　④ 4,240만 원 이익
⑤ 4,240만 원 손해

※ 다음은 C사의 감사팀에서 제작한 부패신고자 보호·보상 안내 팸플릿이다. 이어지는 질문에 답하시오.
[49~50]

---

〈부패신고자 보호·보상 안내〉

### 가. 부패신고 보상금

- 신고보상금을 최대 30억 원까지 받을 수 있습니다.
- 부패신고로 인하여 직접적인 공공기관 수입의 회복이나 증대 또는 비용의 절감 등이 있는 경우 지급합니다.

| 보상대상가액 | | 지급기준 |
|---|---|---|
| 1억 원 이하 | → | 보상대상가액의 30% |
| 1억 원 초과 5억 원 이하 | | (3천만 원)+(1억 원 초과금액의 20%) |
| 5억 원 초과 20억 원 이하 | | (1억 1천만 원)+(5억 원 초과금액의 14%) |
| 20억 원 초과 40억 원 이하 | | (3억 2천만 원)+(20억 원 초과금액의 8%) |
| 40억 원 초과 | | (4억 8천만 원)+(40억 원 초과금액의 4%) |

※ 보상대상가액 : 직접적인 공공기관 수입의 회복이나 증대 또는 비용의 절감을 가져오거나 그에 관한 법률관계가 확정된 금액

### 나. 부패신고 포상금

- 신고포상금을 최대 2억 원까지 지급 받을 수 있습니다.
- 부패신고로 인하여 직접적인 수입회복 등이 없더라도 공익의 증진 등을 가져온 경우 지급합니다.

### 다. 신분보장

- 신고를 이유로 어떠한 불이익이나 차별을 받지 않습니다.
- 부패신고자에게 불이익을 주면 과태료나 징계처분 등을 받게 됩니다.
- 부패신고를 한 이유로 신분상 불이익, 근무 조건상 차별, 경제적·행정적 불이익을 당하였거나 당할 우려가 있는 경우에는 원상회복·전직·징계보류·효력 유지 등 적절한 조치가 이루어집니다.

### 라. 비밀보장

- 신고자의 비밀이 보장됩니다.
- 누구든지 부패신고자의 동의 없이 그 신분을 밝히거나 암시할 수 없습니다.
- 신고자의 동의 없이 신분을 공개하면 징계 또는 형사 처벌을 받게 됩니다.

### 마. 신변보호

- 부패신고를 한 이유로 신고자 자신과 친족 등 신변에 불안이 있는 경우 보호를 받을 수 있습니다.
- 신변보호의 종류
  - 일정기간 특정시설에서 보호
  - 일정기간 신변 경호
  - 출석·귀가 시 동행
  - 주거에 대한 주기적 순찰
  - 기타 신변안전에 필요한 조치

### 바. 책임감면

- 부패신고를 함으로써 그와 관련된 자신의 범죄가 발견된 경우 징계 또는 형을 감형·면제받을 수 있습니다.
- 부패신고를 한 경우에는 직무상 비밀준수의 의무를 위반하지 않은 것으로 봅니다.

**사. 위반자 처벌**

- 부패신고자의 인적사항 등을 공개한 자에게는 3년 이하의 징역 또는 3천만 원 이하의 벌금이 부과됩니다.
- 부패신고를 이유로 신분상 불이익이나 근무 조건상의 차별 등을 한 자에게는 1천만 원 이하의 과태료가 부과됩니다.
- 불이익 처분을 한 자가 위원회의 조치요구를 이행하지 않았을 때는 1년 이하의 징역 또는 1천만 원 이하의 벌금이 부과됩니다.

**49** 다음 중 팸플릿의 내용을 읽고 이해한 것으로 적절한 것은?

① 부패신고는 비밀준수의 의무에 위배되지 않는 선에서 해야 한다.
② 부패신고자의 신분은 감사팀을 제외하고 누구도 밝힐 수 없다.
③ 신고포상금은 최대 30억 원까지 지급받을 수 있다.
④ 부패신고를 이유로 불이익을 줄 경우 1년 이하의 징역이 부과된다.
⑤ 포상금은 공익의 증진을 가져온 경우에 지급될 수 있다.

**50** 팸플릿의 내용을 토대로 보상대상가액에 대한 부패신고 보상금으로 옳은 것은?(단, 백만 원 단위는 반올림한다)

| | 보상대상가액 | 부패신고 보상금 |
|---|---|---|
| ① | 17억 2천만 원 | 3억 3천만 원 |
| ② | 5억 3천만 원 | 1억 3천만 원 |
| ③ | 3억 7천만 원 | 8천만 원 |
| ④ | 752억 원 | 33억 3천만 원 |
| ⑤ | 38억 8천만 원 | 6억 1천만 원 |

www.sdedu.co.kr

# 4권

# 제4회
# 한국가스공사

## NCS
## 직업기초능력평가

www.sdedu.co.kr

〈문항 및 시험시간〉

| 평가영역 | 문항 수 | 시험시간 | 모바일<br>OMR 답안분석 |
|---|---|---|---|
| 의사소통능력＋수리능력＋문제해결능력<br>＋자원관리능력＋정보능력 | 50문항 | 60분 | |

# 제4회 모의고사

| 문항 수 | : 50문항 |
| --- | --- |
| 시험시간 | : 60분 |

**01** 다음 글의 핵심 내용으로 가장 적절한 것은?

1948년에 제정된 대한민국 헌법은 공동체의 정치적 문제는 기본적으로 국민의 의사에 의해 결정된다는 점을 구체적인 조문으로 명시하고 있다. 그러나 이러한 공화제적 원리는 1948년에 이르러 갑작스럽게 등장한 것이 아니다. 이미 19세기 후반부터 한반도에서는 이와 같은 원리가 공공 영역의 담론 및 정치적 실천 차원에서 표명되고 있었다.

공화제적 원리는 1886년부터 발행되기 시작한 근대적 신문인 『한성주보』에서도 어느 정도 언급된 바 있지만 특히 1898년에 출현한 만민공동회에서 그 내용이 명확하게 드러난다. 독립협회를 중심으로 촉발되었던 만민공동회는 민회를 통해 공론을 형성하고 이를 국정에 반영하고자 했던 완전히 새로운 형태의 정치운동이었다. 이것은 전통적인 집단상소나 민란과는 전혀 달랐다. 이 민회는 자치에 대한 국민의 자각을 기반으로 공동생활의 문제들을 협의하고 함께 행동해 나가려 하였다. 이것은 자신들이 속한 정치공동체에 대한 소속감과 연대감을 갖지 않고서는 불가능한 현상이었다. 즉, 만민공동회는 국민이 스스로 정치적 주체가 되고자 했던 시도였다. 전제적인 정부가 법을 통해 제한하려고 했던 정치참여를 국민이 스스로 쟁취하여 정치체제를 변화시키고자 하였던 것이다.

19세기 후반부터 한반도에 공화제적 원리가 표명되고 있었다는 사례는 이뿐만이 아니다. 당시 독립협회가 정부와 함께 개최한 관민공동회에서 발표한 「헌의 6조」를 살펴보면 제3조에 "예산과 결산은 국민에게 공표할 일"이라고 명시하고 있는 것을 확인할 수 있다. 이것은 오늘날의 재정운용의 기본원칙으로 여겨지는 예산공개의 원칙과 정확하게 일치하는 것으로 국민과 함께 협의하여 정치를 하여야 한다는 공화주의 원리를 보여주고 있다.

① 만민공동회는 전제 정부의 법적 제한에 맞서 국민의 정치참여를 쟁취하고자 했다.
② 한반도에서 예산공개의 원칙은 19세기 후반 관민공동회에서 처음으로 표명되었다.
③ 예산과 결산이라는 용어는 관민공동회가 열렸던 19세기 후반에 이미 소개되어 있었다.
④ 만민공동회를 통해 대한민국 헌법에 공화제적 원리를 포함시키는 것이 결정되었다.
⑤ 한반도에서 공화제적 원리는 이미 19세기 후반부터 담론 및 실천의 차원에서 표명되고 있었다.

**02** 다음 글의 중심 내용으로 가장 적절한 것은?

쇼펜하우어에 따르면 우리가 살고 있는 세계의 진정한 본질은 의지이며 그 속에 있는 모든 존재는 맹목적인 삶에의 의지에 의해서 지배당하고 있다. 쇼펜하우어는 우리가 일상적으로 또는 학문적으로 접근하는 세계는 단지 표상의 세계일 뿐이라고 주장하는데, 인간의 이성은 단지 이러한 표상의 세계만을 파악할 수 있을 뿐이다. 그에 따르면 존재하는 세계의 모든 사물들은 우선적으로 표상으로서 드러나게 된다. 시간과 공간 그리고 인과율에 의해서 파악되는 세계가 나의 표상인데, 이러한 표상의 세계는 오직 나에 의해서, 즉 인식하는 주관에 의해서만 파악되는 세계이다. 쇼펜하우어에 따르면 이러한 주관은 모든 현상의 세계, 즉 표상의 세계에서 주인의 역할을 하는 '나'이다.

이러한 주관을 이성이라고 부를 수도 있는데, 이성은 표상의 세계를 이끌어가는 주인공의 역할을 하는 것이다. 그러나 쇼펜하우어는 여기서 한발 더 나아가 표상의 세계에서 주인의 역할을 하는 주관 또는 이성은 의지의 지배를 받는다고 주장한다. 즉, 쇼펜하우어는 이성에 의해서 파악되는 세계의 뒤편에는 참된 본질적 세계인 의지의 세계가 있으므로 표상의 세계는 제한적이며 표면적인 세계일 뿐, 결코 이성에 의해서 또는 주관에 의해서 결코 파악될 수 없다고 주장한다. 오히려 그는 그동안 인간이 진리를 파악하는 데 최고의 도구로 칭송받던 이성이나 주관을 의지에 끌려 다니는 피지배자일 뿐이라고 비판한다.

① 세계의 본질로서 의지의 세계
② 표상 세계의 극복과 그 해결 방안
③ 의지의 세계와 표상의 세계 간의 차이
④ 세계의 주인으로서 주관의 표상 능력
⑤ 표상 세계 안에서의 이성의 역할과 한계

**03** 다음 문장을 알맞은 순서로 배열한 것은?

(A) 인간이 타고난 그대로의 자연스러운 본능이 성품이며, 인간이 후천적인 노력을 통하여 만들어 놓은 것이 인위이다.

(B) 따라서 인간의 성품은 악하나, 인위로 인해 선하게 된다.

(C) 즉, 배고프면 먹고 싶고 피곤하면 쉬고 싶은 것이 성품이라면, 배고파도 어른에게 양보하고 피곤해도 어른을 대신해 일하는 것은 인위이다.

(D) 그러므로 자연스러운 본능을 따르게 되면 반드시 다투고 빼앗는 결과를 초래하게 되지만, 스승의 교화를 받아 예의 법도를 따르게 되면 질서가 유지된다.

① (B) - (D) - (C) - (A)
② (A) - (B) - (D) - (C)
③ (C) - (B) - (A) - (D)
④ (A) - (C) - (D) - (B)
⑤ (A) - (B) - (C) - (D)

저명한 철학자 화이트헤드는 철학을 '관념들의 모험'이라고 하였다. 실로 그렇다. 그러나 어떠한 모험도 위험이 뒤따르며 철학의 모험도 예외가 아니다. 여기서는 철학의 모험을 처음으로 시도하려고 할 때에 겪을 수 있는 몇 가지 위험을 지적해 보겠다.

일반적으로 적은 지식은 위험하다고 말하곤 한다. 그러나 커다란 지식을 얻기 위해서는 적은 양에서 시작하지 않으면 안 된다. 또한, 커다란 지식을 갖추었다고 하더라도 위험이 완전히 배제되는 것은 아니다. 예를 들면, 원자에너지의 파괴적인 위력에 대해 지대한 관심을 가진 사람들이 원자의 비밀을 꿰뚫어 보려고 막대한 노력을 기울였다. 그러나 원자에 대한 지식의 획득에도 불구하고 사람들이 느끼는 위험은 줄어들지 않고 오히려 늘어났다. 이와 같이 증대하는 지식이 새로운 난점들을 발생시킨다는 사실을 알게 된 것은 최근의 일이 아니다. 서양 철학자 플라톤의 '동굴의 비유'는 지식의 획득과 그에 따른 대가 지불을 불가분의 관계로 이해하고 있음을 보여준다.

㉠ '동굴의 비유'에 의하면, 사람들은 태어나면서부터 앞만 보도록 된 곳에 앉은 쇠사슬에 묶인 죄수와 같다는 것이다. 사람들의 등 뒤로는 불이 타오르고, 그 불로 인해 모든 사물은 동굴의 벽에 그림자로 나타날 뿐이다. 혹 동굴 밖의 환한 세상으로 나온 이가 있다면, 자신이 그동안 기만과 구속의 흐리멍덩한 삶을 살아왔음을 깨닫게 될 것이다. 그리하여 그가 동굴로 돌아가 사람들을 계몽하고자 한다면, 그는 오히려 무지의 장막에 휩싸인 자들에게 불신과 박해를 받게 될 것이다. 여기에서 박해를 받는 것은 깨달음에 가해진 '선물'이라고 할 수 있다.

철학 입문자들은 실제로 지적(知的)으로 도전받기를 원하는 사람들이다. 그들은 정신의 모험에 참여하겠다는 서명을 한 셈이다. 또한 그들은 자신들을 위해 계획된 새로운 내용과 높은 평가 기준이 자신에게 적용되기를 바란다. 그들은 앞으로 무슨 일이 일어날지 거의 모르고 있지만, 그들 자신은 자발적으로 상당한 정도의 개인적인 위험을 기꺼이 감수하려 든다. 이러한 위험을 구체적으로 말하면, 자기를 인식하는 데 따르는 위험이며, 이전부터 갖고 있던 사고와 행위 방식을 혼란시킬지도 모르는 모험이며, 학습하는 도중에 발생할 수 있는 미묘하고도 중대한 위험이다. 한 번 문이 열리면 다시 그 문을 닫기란 매우 어렵다. 일반 사람들은 더 큰 방, 더 넓은 인생 공간에 나아가면 대부분 두려움을 느끼며 용기를 잃게 된다. 그러나 몇몇의 뛰어난 입문자들은 사활(死活)을 걸어야 하는 도전에 맞서, 위험을 감싸 안으며 흥미로운 작업을 진전시키기 위해 지성적 도구들을 예리하게 간다.

철학의 모험은 거칠고 무한한 혼돈의 바다에 표류하는 작은 뗏목에 자주 비유된다. 어떤 철학적 조난자들은 뗏목과 파도와 날씨 등의 직접적인 환경을 더욱 깊이 알게 될 것이다. 또한 어떤 조난자들은 조류의 속도나 현재의 풍향을 알게 될 것이다. 또 어떤 조난자들은 진리의 섬을 얼핏 보고 믿음이라는 항구를 향해 힘차게 배를 저어 나아갈 것이다. 또 다른 조난자들은 막막함과 절망의 중심에서 완전히 좌초해버릴 수도 있다. 뗏목과 그 위에 탄 사람들은 '보험'에 들어 있지 않다. 거기에는 보증인이 없다. 그러나 뗏목은 늘 거기에 있으며, 이미 뗏목을 타고 있는 사람들은 더 많은 사람이 자신이 있는 곳으로 올 수 있도록 자리를 마련할 것이다.

**04** 윗글의 서술상의 특징으로 가장 적절한 것은?

① 비유적인 표현으로 대상의 특성을 밝히고 있다.
② 여러 가지를 비교하면서 우월성을 논하고 있다.
③ 상반된 이론을 대비하여 독자의 관심을 유도하고 있다.
④ 용어의 개념을 제시하여 대상의 범위를 한정하고 있다.
⑤ 대상의 문제점을 파악하고 나름의 해결책을 모색하고 있다.

**05** 다음 중 글쓴이가 밑줄 친 ㉠을 인용한 이유를 바르게 추리한 것은?

① 자신의 운명은 스스로 개척해야 한다는 것을 알려 주기 위해
② 인간의 호기심은 불행한 결과를 초래한다는 것을 알려 주기 위해
③ 인간이 지켜야 할 공동의 규범은 반드시 따라야 함을 알려 주기 위해
④ 새로운 지식을 획득하려면 대가를 치러야 한다는 것을 알려 주기 위해
⑤ 커다란 지식을 갖추는 것이 중요함을 알려 주기 위해

**06** 윗글을 바탕으로 철학 동아리를 홍보하는 글을 작성하려고 할 때, 다음 〈보기〉의 빈칸에 들어갈 문구로 가장 적절한 것은?

─〈보기〉─

지금 당신은 어디를 향하고 있습니까?
이상의 바다입니까, 아니면 좌절의 늪입니까?
지적 갈증에 허덕이는 자,
진리를 얻고자 갈망하는 자,
저희 '가리사니' 철학 동아리로 오십시오.
우리 동아리에 오면
_____으로
진리의 세계에 다가갈 수 있습니다.

① 학문과 실질을 숭상하는 지혜로움
② 위험과 대가가 따르는 지적 대탐험
③ 상식과 편견을 뒤엎는 발상의 전환
④ 무지와 몽매에서 벗어나려는 탐구심
⑤ 선과 악을 식별하는 사고 능력

우주 개발이 왜 필요한가에 대한 주장은 크게 다음 세 가지로 구분할 수 있다. 먼저 칼 세이건이 우려하는 것처럼 인류가 혜성이나 소행성의 지구 충돌과 같은 재앙에서 살아남으려면 지구 이외의 다른 행성에 식민지를 건설해야 한다는 것이다. 소행성의 지구 충돌로 절멸한 공룡의 전철을 밟지 않기 위해서 말이다. 여기에는 자원 고갈이나 환경오염과 같은 전 지구적 재앙에 대비하자는 주장도 포함된다. 그 다음으로 우리의 관심을 지구에 한정하다는 것은 인류의 숭고한 정신을 가두는 것이라는 호킹의 주장을 들 수 있다. 지동설, 진화론, 상대성 이론, 양자역학, 빅뱅 이론과 같은 과학적 성과들은 인류의 문명뿐만 아니라 정신적 패러다임의 변화에 지대한 영향을 끼쳤다. 마지막으로 우주 개발의 노력에 따르는 부수적인 기술의 파급 효과를 근거로 한 주장을 들 수 있다. 실제로 우주 왕복선 프로그램을 통해 산업계에 이전된 새로운 기술이 100여 가지나 된다고 한다. 인공심장, 신분확인 시스템, 비행추적 시스템 등이 그 대표적인 기술들이다. 그러나 우주 개발에서 얻는 이익이 과연 인류 전체의 이익을 대변할 수 있는가에 대해서는 쉽게 답할 수가 없다. 역사적으로 볼 때 탐사의 주된 목적은 새로운 사실의 발견이라기보다 영토와 자원, 힘의 우위를 선점하기 위한 것이었기 때문이다. 이러한 이유로 우주 개발에 의심의 눈초리를 보내는 사람들도 적지 않다. 그들은 우주 개발에 소요되는 자금과 노력을 지구의 가난과 자원 고갈, 환경 문제 등을 해결하는 데 사용하는 것이 더 현실적이라고 주장한다.

과연 그 주장을 따른다고 해서 이러한 문제들을 해결할 수 있는가? 인류가 우주 개발에 나서지 않고 지구 안에서 인류의 미래를 위한 노력을 경주한다고 가정해보자. 그렇더라도 인류가 사용할 수 있는 자원이 무한한 것은 아니며, 인구의 자연 증가를 막을 수 없다는 문제는 여전히 남는다. 지구에 자금과 노력을 투자해야 한다고 주장하는 사람들은 지금 당장은 아니더라도 언젠가는 이러한 문제들을 해결할 수 있다는 논리를 펼지도 모른다. 그러나 이러한 논리는 우주 개발을 지지하는 쪽에서 마찬가지로 내세울 수 있다. 오히려 인류가 미래에 닥칠 문제를 해결할 수 있는 방법은 지구 밖에서 찾게 될 가능성이 더 크지 않을까? 우주를 개발하려는 시도가 최근에 등장한 것은 아니다. 인류가 의식을 갖게 되면서부터 우주를 꿈꾸어 왔다는 증거는 세계 여러 민족의 창세신화에서 발견된다. 수천 년 동안 우주에 대한 인류의 꿈은 식어갈 줄 몰랐다. 그리고 그 결과가 오늘날의 우주 개발이라는 현실로 다가온 것이다. 이제 인류는 우주의 시초를 밝히게 되었고, 우주의 끄트머리를 바라볼 수 있게 되었으며, 우주 공간에 인류의 거주지를 만들 수 있게 되었다. 우주 개발을 해야 할 것이냐 말아야 할 것이냐는 이제 문제의 핵심이 아니다. 우리가 선택해야 할 문제는 우주 개발을 어떻게 해야 할 것인가이다. "달과 다른 천체들은 모든 나라가 함께 탐사하고 이용할 수 있도록 자유지역으로 남아 있어야 한다. 어느 국가도 영유권을 주장할 수는 없다."라는 린든 B. 존슨의 경구는 우주 개발의 방향을 일러주는 시금석이 되어야 한다.

① 우주 개발의 한계
② 지구의 당면 과제
③ 우주 개발의 정당성
④ 친환경적인 지구 개발
⑤ 우주와 지구의 공존

**08** 다음 중 ⊙ ~ ⊕의 수정 방안으로 적절하지 않은 것은?

사회복지와 근로의욕의 관계에 대한 조사를 보면 '사회복지와 근로의욕이 관계가 있다.'는 응답과 '그렇지 않다.'는 응답의 비율이 비슷하게 나타난다. 하지만 기타 의견에 ⊙ 따라 과도한 사회복지는 근로의욕을 저하할 수 있다는 응답이 많았던 것으로 조사되었다. 예를 들어, 정부지원금을 받으나 아르바이트를 하나 비슷한 돈이 나온다면 ⓒ 더군다나 일하지 않고 정부지원금으로만 먹고사는 사람들이 많이 있다는 것이다. 여기서 주목해야 할 점은 과도한 복지 때문이 아닌 정책상의 문제라는 의견도 있다는 사실이다. 현실적으로 일을 할 수 있는 능력이 있는 사람에게는 ⓒ 최대한의 생계비용 이외의 수입을 인정하고, 빈곤층에서 벗어날 수 있게 지원해주는 것이 개인에게도, 국가에도 바람직한 방식이라는 것이다.

이 설문 조사 결과에서 주목해야 할 또 다른 측면은 사회복지 체제가 잘 되어 있을수록 근로의욕이 떨어진다고 응답한 사람의 ⓔ 과반수 이상이 중산층 이상의 경제력을 가지고 있었다는 점이다. 재산이 많은 사람에게는 약간의 세율 확대도 납부할 세금에 미치는 ⓜ 영향이 적을 수 있기 때문에 경제발전을 위한 세금 확대는 찬성하더라도 복지정책을 위한 세금 확대는 반대하는 것이다. 이러한 점을 고려해 보면 소득 격차 축소를 원하는 국민보다 복지정책을 위한 세금 확대에는 반대하는 국민이 많은 다소 모순된 설문 결과에 대한 설명이 가능하다.

① ⊙ : 호응 관계를 고려하여 '따르면'으로 수정한다.
② ⓒ : 앞뒤 내용의 관계를 고려하여 '차라리'로 수정한다.
③ ⓒ : 전반적인 내용의 흐름을 고려하여 '최소한의'로 수정한다.
④ ⓔ : '과반수'의 뜻을 고려하여 '절반 이상이' 또는 '과반수가'로 수정한다.
⑤ ⓜ : 일반적인 사실을 말하는 것이므로 '영향이 적기 때문에'로 수정한다.

**09** 다음 글의 주장에 대한 반박으로 가장 적절한 것은?

최근 불안감을 느끼는 현대인들이 점점 많아져 사회 문제가 되고 있다. 경쟁이 심화된 성과 중심의 사회에서 사람들은 직장 내 다른 사람과 자신을 비교하면서 혹시 자신이 뒤처지고 있는 것은 아닌지 불안해한다. 심지어 사람들은 일어나지도 않을 일에 대해 불안감을 느끼기도 한다. 청소년도 예외는 아니다. 성장기에 있는 청소년들은 다양한 고민을 하게 되는데, 이것이 심해져 불안감을 느끼는 원인이 되곤 한다. 특히 학업에 대한 지나친 고민으로 생긴 과도한 불안은 학업에 집중하는 것을 방해하여 학업 수행에 부정적으로 작용한다.

① 상대적 평가 방식은 청소년이 불안감을 느끼는 원인이 된다.
② 친구나 부모와의 상담을 통해 고민을 해결해야 한다.
③ 청소년기의 지나친 고민은 건강을 해칠 수 있다.
④ 시험 기간에 느끼는 약간의 불안감은 성적이 향상되는 결과를 내는 경우도 있다.
⑤ 현대인의 불안을 제때 해소하지 못한다면 더 큰 사회 문제를 초래할 수 있다.

**10** C기업은 해외 기업으로부터 대리석을 수입하여 국내 건설업체에 납품하고 있는데, 최근 파키스탄의 H기업과 대리석 1톤을 수입하는 거래를 체결하였다. 수입대금으로 지불해야 할 금액은 원화로 얼마인가?

> • 환율정보
>   – 파키스탄 루피 / 달러＝100
>   – 원 / 달러＝1,160
> • 대리석 10kg당 가격 : 35,000루피

① 3,080만 원　　　　　　　　　　② 3억 8,100만 원
③ 4,060만 원　　　　　　　　　　④ 4억 600만 원
⑤ 5,800만 원

**11** K공사에는 시각 장애를 가진 C사원이 있다. C사원의 원활한 컴퓨터 사용을 위해 동료 사원들이 도움을 주고자 대화를 나누었다. 다음 사원 중 옳게 설명한 사람은?

① A사원 : C사원은 Windows [제어판]에서 [접근성 센터]의 기능에 도움을 받는 게 좋겠어.
② B사원 : 아니야. [동기화 센터]의 기능을 활용해야지.
③ D사원 : [파일 탐색기]의 [옵션]을 활용하면 도움이 될 거야
④ E사원 : [관리 도구]의 기능이 좋을 것 같아.
⑤ F사원 : [프로그램 및 기능]에서 도움을 받아야 하지 않을까?

**12** 다음 중 Windows 환경에서 Word 사용 시 기능키 [F4]와 관련된 바로가기 키와 해당 기능이 잘못 연결된 것을 〈보기〉에서 모두 고르면?

> ─────────〈보기〉─────────
> ㄱ. [F4] : 가능한 경우 마지막으로 실행한 명령이나 작업을 반복한다.
> ㄴ. [Shift]+[F4] : 마지막 찾기 또는 이동 작업을 반복한다.
> ㄷ. [Ctrl]+[F4] : Word를 닫는다.
> ㄹ. [Alt]+[F4] : 현재 문서를 닫는다.

① ㄱ, ㄴ　　　　　　　　　　② ㄱ, ㄷ
③ ㄴ, ㄷ　　　　　　　　　　④ ㄴ, ㄹ
⑤ ㄷ, ㄹ

**13** K공사는 신입사원을 대상으로 3개월 동안 강연을 실시하였다. 강연은 월요일과 수요일에 1회씩 열리고 금요일에는 격주로 1회씩 열린다고 할 때, 8월 1일 월요일에 처음 강연을 들은 신입 사원이 13번째 강연을 듣는 날은 언제인가?(단, 처음 강연이 있던 주의 금요일 강연은 열리지 않았다)

① 8월 31일  ② 9월 2일
③ 9월 5일  ④ 9월 7일
⑤ 9월 9일

**14** 자동차의 평균정지거리는 공주거리와 평균제동거리의 합이다. 공주거리는 공주시간 동안 진행한 거리이며, 공주시간은 주행 중 운전자가 전방의 위험상황을 발견하고 브레이크를 밟아서 실제 제동이 시작될 때까지 걸리는 시간이다. 자동차의 평균제동거리가 다음 표와 같을 때, 시속 72km로 달리는 자동차의 평균정지거리는 몇 m인가?(단, 공주시간은 1초로 가정한다)

| 속도(km/h) | 12 | 24 | 36 | 48 | 60 | 72 |
|---|---|---|---|---|---|---|
| 평균제동거리(m) | 1 | 4 | 9 | 16 | 25 | 36 |

① 50m  ② 52m
③ 54m  ④ 56m
⑤ 58m

**15** 다음은 200명의 시민을 대상으로 A, B, C회사에서 생산한 자동차의 소유 현황을 조사한 결과이다. 조사 대상자 중 세 회사에서 생산된 어떤 자동차도 가지고 있지 않은 사람의 수는?

- 자동차를 2대 이상 가진 사람은 없다.
- A사 자동차를 가진 사람은 B사 자동차를 가진 사람보다 10명 많다.
- B사 자동차를 가진 사람은 C사 자동차를 가진 사람보다 20명 많다.
- A사 자동차를 가진 사람 수는 C사 자동차를 가진 사람 수의 2배이다.

① 20명  ② 40명
③ 60명  ④ 80명
⑤ 100명

**16** 다음은 2021년도 A지역 고등학교 학년별 도서 선호 분야 비율에 관한 자료이다. 취업 관련 도서를 선호하는 3학년 학생 수 대비 철학ㆍ종교 도서를 선호하는 1학년 학생 수의 비율로 옳은 것은?(단, 모든 계산은 소수점 첫째 자리에서 반올림한다)

〈A지역 고등학교 학년별 도서 선호 분야 비율〉

(단위 : 명, %)

| 학년 | 사례 수 | 장르 소설 | 문학 | 자기 계발 | 취업 관련 | 예술 · 문화 | 역사 · 지리 | 과학 · 기술 | 정치 · 사회 | 철학 · 종교 | 경제 · 경영 | 기타 |
|---|---|---|---|---|---|---|---|---|---|---|---|---|
| 소계 | 1,160 | 28.9 | 18.2 | 7.7 | 6.9 | 5.4 | 6.1 | 7.9 | 5.8 | 4.2 | 4.5 | 4.4 |
| 1학년 | 375 | 29.1 | 18.1 | 7 | 6.4 | 8.7 | 5.3 | 7.8 | 4.1 | 3 | 6.5 | 4 |
| 2학년 | 417 | 28.4 | 18.7 | 8.9 | 7.5 | 3.8 | 6.3 | 8.3 | 8.1 | 5 | 3.1 | 1.9 |
| 3학년 | 368 | 29.3 | 17.8 | 7.1 | 6.6 | 3.7 | 6.8 | 7.6 | 4.8 | 4.5 | 4.1 | 7.7 |

① 42%  ② 46%

③ 54%  ④ 58%

⑤ 72%

**17** 다음 자료는 어느 나라의 2020년과 2021년의 노동 가능 인구구성의 변화를 나타낸 것이다. 2020년도와 비교한 2021년도의 상황을 바르게 설명한 것은?

〈노동 가능 인구구성의 변화〉

| 구분 | 취업자 | 실업자 | 비경제활동인구 |
|---|---|---|---|
| 2020년 | 55% | 25% | 20% |
| 2021년 | 43% | 27% | 30% |

① 이 자료에서 실업자의 수는 알 수 없다.

② 실업자의 비율은 감소하였다.

③ 경제활동인구의 비율은 증가하였다.

④ 취업자 비율의 증감폭이 실업자 비율의 증감폭보다 작다.

⑤ 비경제활동인구의 비율은 감소하였다.

**18** C사원은 본사 이전으로 집과 회사가 멀어져 새로 집을 구하려고 한다. 본사 근처에 있는 아파트와 빌라 총 세 곳의 월세를 알아 본 C사원은 월세와 교통비를 고려해 결정하려고 한다. 이에 대한 설명으로 올바른 것은?

| 구분 | 월세 | 거리(편도) |
|---|---|---|
| A빌라 | 280,000원 | 2.8km |
| B빌라 | 250,000원 | 2.1km |
| C아파트 | 300,000원 | 1.82km |

※ 월 출근일 : 20일
※ 교통비 : 1km당 1,000원

① 월 예산 40만 원으로는 세 집 모두 불가능하다.
② B빌라를 선택할 경우 회사와 집만 왕복하면 한 달에 334,000원이 필요하다.
③ C아파트의 교통비가 가장 많이 든다.
④ C아파트는 A빌라보다 한 달 예산이 20,000원 적게 든다.
⑤ B빌라에 두 달 거주할 경우, A빌라와 C아파트의 한 달 금액을 합친 것보다 비싸다.

**19** 다음은 2021년 A국가의 LPCD(Liter Per Capita 1Day)에 관한 자료이다. 1인 1일 사용량에서 영업용 사용량이 차지하는 비중과 1인 1일 가정용 사용량 중 하위 두 항목이 차지하는 비중을 순서대로 나열한 것은?(단, 소수점 셋째 자리에서 반올림한다)

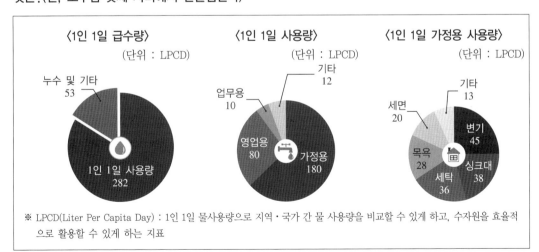

※ LPCD(Liter Per Capita Day) : 1인 1일 물사용량으로 지역·국가 간 물 사용량을 비교할 수 있게 하고, 수자원을 효율적으로 활용할 수 있게 하는 지표

① 27.57%, 16.25%
② 27.57%, 19.24%
③ 28.37%, 18.33%
④ 28.37%, 19.24%
⑤ 30.56%, 20.78%

**20**

―〈조건〉―
- 어린이 도서 코너는 가장 오른쪽에 있다.
- 잡지 코너는 외국 서적 코너보다 왼쪽에 있다.
- 소설 코너는 잡지 코너보다 왼쪽에 있다.

―〈보기〉―
A : 소설 코너는 외국 서적 코너보다 왼쪽에 있다.
B : 어린이 도서 코너는 잡지 코너보다 오른쪽에 있다.

① A만 옳다.
② B만 옳다.
③ A, B 모두 옳다.
④ A, B 모두 틀리다.
⑤ A, B 모두 옳은지 틀린지 판단할 수 없다.

**21**

―〈조건〉―
- 뇌세포가 일정 비율 이상 활동하지 않으면 집중력이 떨어진다.
- 잠이 잘 오면 얕게 자지 않아 다음날 쾌적하게 된다.
- 잠이 잘 오지 않는다면 뇌세포가 일정 비율 이상 활동하고 있다는 것이다.

―〈보기〉―
A : 뇌세포가 일정 비율 이상 활동하지 않으면 얕게 자지 않아 다음날 쾌적하게 된다.
B : 집중력이 떨어지면 얕게 자지 않아 다음날 쾌적하게 된다.

① A만 옳다.
② B만 옳다.
③ A와 B 모두 옳다.
④ A와 B 모두 틀리다.
⑤ A와 B 모두 옳은지 틀린지 판단할 수 없다.

**22**

――――――〈조건〉――――――
- A, B, C, D가 탄 기차의 좌석은 통로를 사이에 두고 양옆으로 2인석과 3인석이 있다.
- A와 C는 통로를 사이에 두고 서로 옆자리에 앉아 있다.
- D는 맨 끝자리가 아니다.
- B는 C의 왼쪽 옆 자리에 앉아 있다.

――――――〈보기〉――――――
A : A는 3인석 좌석에 앉아 있다.
B : 창가석에 앉아 있는 사람은 B뿐이다.

① A만 옳다.
② B만 옳다.
③ A, B 모두 옳다.
④ A, B 모두 틀리다.
⑤ A, B 모두 옳은지 틀린지 판단할 수 없다.

**23** 다음 빈칸에 공통으로 들어갈 용어로 옳은 것은?

_____은/는 '언제 어디에나 존재한다'는 뜻의 라틴어로, 사용자가 컴퓨터나 네트워크를 의식하지 않고 장소에 상관없이 자유롭게 네트워크에 접속할 수 있는 환경을 말한다. 그리고 컴퓨터 관련 기술이 생활 구석구석에 스며들어 있음을 뜻하는 '퍼베이시브 컴퓨팅(Pervasive Computing)'과 같은 개념이다.
_____화가 이루어지면 가정·자동차는 물론, 심지어 산 꼭대기에서도 정보기술을 활용할 수 있고, 네트워크에 연결되는 컴퓨터 사용자의 수도 늘어나 정보기술산업의 규모와 범위도 그만큼 커지게 된다. 그러나 _____ 네트워크가 이루어지기 위해서는 광대역통신과 컨버전스 기술의 일반화, 정보기술 기기의 저가격화 등 정보기술의 고도화가 전제되어야 한다. 그러나 _____은/는 휴대성과 편의성뿐 아니라 시간과 장소에 구애받지 않고도 네트워크에 접속할 수 있는 장점 때문에 현재 세계적인 개발 경쟁이 일고 있다.

① 유비쿼터스(Ubiquitous)
② AI(Artificial Intelligence)
③ 딥 러닝(Deep Learning)
④ 블록체인(Block Chain)
⑤ P2P(Peer to Peer)

먹으로 난초를 그린 묵란화는 사군자의 하나인 난초에 관념을 투영하여 형상화한 그림으로, 여느 사군자화와 마찬가지로 군자가 마땅히 지녀야 할 품성을 담고 있다. 묵란화는 중국 북송 시대에 그려지기 시작하여 우리나라를 포함한 동북아시아 문인들에게 널리 퍼졌다. 문인들에게 시, 서예, 그림은 나눌 수 없는 하나였다. 이런 인식은 묵란화에도 이어져 난초를 칠 때는 글씨의 획을 그을 때와 같은 붓놀림을 구사했다. 따라서 묵란화는 문인들이 인문적 교양과 감성을 드러내는 수단이 되었다.

추사 김정희가 25세 되던 해에 그린 ⓐ「석란(石蘭)」은 당시 청나라에서도 유행하던 전형적인 양식을 따른 묵란화이다. 화면에 공간감과 입체감을 부여하는 잎새들은 가지런하면서도 완만한 곡선을 따라 늘어져 있으며, 꽃은 소담하고 정갈하게 피어 있다. 도톰한 잎과 마른 잎, 둔중한 바위와 부드러운 잎의 대비가 돋보인다. 난 잎의 조심스러운 선들에서는 단아한 품격을, 잎들 사이로 핀 꽃에서는 고상한 품위를, 묵직한 바위에서는 돈후한 인품을 느낄 수 있으며 당시 문인들의 공통적 이상이 드러난다.

평탄했던 젊은 시절과 달리 김정희의 예술 세계는 55세부터 장기간의 유배 생활을 거치면서 큰 변화를 보인다. 글씨는 맑고 단아한 서풍에서 추사체로 알려진 자유분방한 서체로 바뀌었고, 그림도 부드럽고 우아한 화풍에서 쓸쓸하고 처연한 느낌을 주는 화풍으로 바뀌어 갔다.

생을 마감하기 1년 전인 69세 때 그렸다고 추정되는 ⓑ「부작란도(不作蘭圖)」는 이러한 변화를 잘 보여 준다. 담묵의 거친 *갈필로 화면 오른쪽 아래에서 시작된 몇 가닥의 잎은 왼쪽에서 불어오는 바람을 맞아 오른쪽으로 뒤틀리듯 구부러져 있다. 그중 유독 하나만 위로 솟구쳐 올라 허공을 가르지만, 그 잎 역시 부는 바람에 속절없이 꺾여 있다. 그 잎과 평행한 꽃대 하나, 바람에 맞서며 한 송이 꽃을 피웠다. 바람에 꺾이고 맞서는 난초 꽃대와 꽃송이에서 세파에 시달려 쓸쓸하고 황량해진 그의 처지와 그것에 맞서는 강한 의지를 느낄 수 있다. 우리는 여기에서 김정희가 자신의 경험에서 느낀 세계와 묵란화의 표현 방법을 일치시켜 문인 공통의 이상을 표출하는 관습적인 표현을 넘어 자신만의 감정을 충실히 드러낸 세계를 창출했음을 알 수 있다.

묵란화에는 종종 심정을 적어 두기도 했다. 김정희도 「부작란도」에 '우연히 그린 그림에서 참모습을 얻었다.'고 적어 두었다. 여기서 우연히 얻은 참모습을 자신이 처한 모습을 적절하게 표현하는 것이라 한다면 이때 우연이란 요행이 아니라 오랜 기간 훈련된 감성이 어느 한 순간의 계기에 의해 표출된 필연적인 우연이라고 해야 할 것이다.

*갈필 : 물기가 거의 없는 붓으로 먹을 조금만 묻혀 거친 느낌을 주게 그리는 필법

**24** 윗글의 서술상의 특징으로 가장 적절한 것은?

① 후대 작가의 작품과 비교를 통해 작품에 대한 이해를 확장하고 있다.

② 구체적인 작품을 사례로 제시하며 작가의 삶과 작품 세계를 설명하고 있다.

③ 특정한 입장을 바탕으로 작가와 작품에 대한 역사적 논란을 소개하고 있다.

④ 다양한 해석을 근거로 들어 작품에 대한 통념적인 이해를 비판하고 있다.

⑤ 대조적인 성격의 작품을 예로 들어 예술의 대중화 과정을 분석하고 있다.

**25** 다음 중 밑줄 친 ⓐ와 ⓑ에 대한 이해로 가장 적절하지 않은 것은?

① ⓐ에서 난 잎의 조심스러운 선들은 김정희가 삶이 순탄하던 시절에 추구하던 단아한 품격을 표현한 것이다.

② ⓐ에서 소담하고 정갈한 꽃을 피워 내는 모습은 고상한 품위를 지키려는 김정희의 이상을 표상한 것이다.

③ ⓑ에서 바람을 맞아 뒤틀리듯 구부러진 잎은 세상의 풍파에 시달린 김정희의 처지를 형상화한 것이다.

④ ⓑ에서 홀로 위로 솟구쳤다 꺾인 잎은 지식을 추구했던 과거의 삶과 단절하겠다는 김정희 자신의 의지가 표현된 것이다.

⑤ ⓐ와 ⓑ에 그려진 난초는 김정희가 자신의 인문적 교양과 감성을 표현하기 위해 선택한 소재이다.

**26** A가 산을 올라갈 때는 $a$ km/h, 내려올 때는 $b$ km/h로 걸었다고 한다. 내려오는 코스가 올라가는 코스보다 3km 더 길며, 올라갈 때와 내려올 때의 소요시간은 같고, 총 6시간이 걸렸다. 내려올 때의 속력을 올바르게 나타낸 것은?

① $(a+1)$ km/h

② $(a+2)$ km/h

③ $(a+3)$ km/h

④ $2a$ km/h

⑤ $3a$ km/h

**27** 어떤 백화점에서 20% 할인해서 파는 옷을, 할인가에서 추가로 30%를 더 할인받아 280,000원에 구매하였다면, 정가에서 할인받은 총 금액은?

① 140,000원

② 180,000원

③ 220,000원

④ 280,000원

⑤ 300,000원

사람들은 은퇴 이후 소득이 급격하게 줄어드는 위험에 처할 수 있다. 이러한 위험이 발생할 때 일정 수준의 생활(소득)을 보장해 주기 위한 제도가 공적연금제도이다. 우리나라의 연금제도에는 대표적으로 국민의 노후 생계를 보장해 주는 국민연금이 있다.

공적연금제도는 강제가입을 원칙으로 한다. 연금은 가입자가 비용은 현재 지불하지만 그 편익은 나중에 얻게 된다. 그러나 사람들은 현재의 욕구를 더 긴박하고 절실하게 느끼기 때문에 불확실한 미래의 편익을 위해서 당장은 비용을 지불하지 않으려는 경향이 있다. 또한, 국가는 사회보장제도를 통하여 젊은 시절에 노후를 대비하지 않은 사람들에게도 최저생계를 보장해준다. 이 경우, 젊었을 때 연금에 가입하여 성실하게 납부한 사람들이 방만하게 생활한 사람들의 노후생계를 위해 세금을 추가로 부담해야 하는 문제가 생긴다. 그러므로 국가가 나서서 강제로 연금에 가입하도록 하는 것이다.

공적연금제도의 재원을 충당하는 방식은 연금 관리자의 입장과 연금 가입자의 입장에서 각기 다르게 나누어 볼 수 있다. 연금 관리자의 입장에서는 '적립방식'과 '부과방식'의 두 가지가 있다. '적립방식'은 가입자가 낸 보험료를 적립해 기금을 만들고 이 기금에서 나오는 수익으로 가입자가 납부한 금액에 비례하여 연금을 지급하지만, 연금액은 확정되지 않는다. '적립방식'은 인구 구조가 변하더라도 국가는 재정을 투입할 필요가 없고, 받을 연금과 내는 보험료의 비율이 누구나 일정하므로 보험료 부담이 공평하다. 하지만 일정한 기금이 형성되기 전까지는 연금을 지급할 재원이 부족하므로, 제도도입 초기에는 연금 지급이 어렵다. '부과방식'은 현재 일하고 있는 사람들에게서 거둔 보험료로 은퇴자에게 사전에 정해진 금액만큼 연금을 지급하는 것이다. 이는 '적립방식'과 달리 세대 간 소득 재분배 효과가 있으며, 제도도입과 동시에 연금지급을 개시할 수 있다는 장점이 있지만 인구 변동에 따른 불확실성이 있다. 노인 인구가 늘어나 역삼각형의 인구구조가 만들어질 때는 젊은 세대의 부담이 증가하여 연금제도를 유지하기가 어려워질 수 있다.

연금 가입자의 입장에서는 납부하는 금액과 받을 연금액의 관계에 따라 확정기여방식과 확정급여방식으로 나눌 수 있다. 확정기여방식은 가입자가 일정한 액수나 비율로 보험료를 낼 것만 정하고 나중에 받을 연금의 액수는 정하지 않는 방식이다. 이는 연금 관리자의 입장에서 보면 '적립방식'으로 연금 재정을 운용하는 것이다. 그래서 이 방식은 이자율이 낮아지거나 연금 관리자가 효율적으로 기금을 관리하지 못할 때, 개인이 손실 위험을 떠안게 된다. 또한, 물가가 인상되는 경우 확정기여에 따른 적립금의 화폐가치가 감소하는 위험도 가입자가 감수해야 한다.

확정급여방식은 가입자가 얼마의 연금을 받을지를 미리 정해 놓고, 그에 따라 개인이 납부할 보험료를 정하는 방식이다. 이는 연금 관리자의 입장에서는 '부과방식'으로 연금 재정을 운용하는 것이다. 나중에 받을 연금을 미리 정하면 기금 운용 과정에서 발생하는 투자의 실패는 연금 관리자가 부담하게 된다. 그러나 이 경우에도 물가상승에 따른 손해는 가입자가 부담해야 하는 단점이 있다.

**28** 공적연금의 재원 충당 방식 중 적립방식과 부과방식을 비교한 내용으로 적절하지 않은 것은?

| | 항목 | 적립방식 | 부과방식 |
|---|---|---|---|
| ① | 연금지급 재원 | 가입자가 적립한 기금 | 현재 일하는 세대의 보험료 |
| ② | 연금지급 가능 시기 | 일정한 기금이 형성된 이후 | 제도도입 즉시 |
| ③ | 세대 간 부담의 공평성 | 세대 간 공평성 미흡 | 세대 간 공평성 확보 |
| ④ | 소득 재분배 효과 | 소득 재분배 어려움 | 소득 재분배 가능 |
| ⑤ | 인구 변동 영향 | 받지 않음 | 받음 |

**29** 제시된 글의 독자가 〈보기〉의 상황에 대하여 보일 반응으로 적절하지 않은 것은?

〈보기〉

A회사는 이번에 공적연금방식을 준용하여 퇴직연금제도를 새로 도입하기로 하였다. 이에 회사는 직원들이 퇴직연금방식을 확정기여방식과 확정급여방식 중에서 선택할 수 있도록 하였다.

① 확정기여방식은 부담금이 공평하게 나눠지는 측면에서 장점이 있어.
② 확정기여방식은 기금을 운용할 회사의 능력에 따라 나중에 받을 연금액이 달라질 수 있어.
③ 확정기여방식은 기금의 이자 수익률이 물가상승률보다 높으면 연금액의 실질적 가치가 상승할 수 있어.
④ 확정급여방식은 물가가 많이 상승하면 연금액의 실질적 가치가 하락할 수 있어.
⑤ 확정급여방식은 투자 수익이 부실할 경우 가입자가 보험료를 추가로 납부해야 하는 문제가 있어.

**30** 다음은 2021년 7월 2일에 측정한 발전소별 수문 자료이다. 이날 온도가 27℃를 초과한 발전소의 수력발전을 이용해 변환된 전기에너지의 총 출력량은 15,206.08kW였다. 이때 춘천의 분당 유량은?(단, 결과값은 소수점 첫째 자리에서 반올림한다)

| 발전소명 | 저수위(ELm) | 유량(m³/sec) | 온도(℃) | 강우량(mm) |
|---|---|---|---|---|
| 안흥 | 375.9 | 0.0 | 26.0 | 7.0 |
| 춘천 | 102.0 | | 27.5 | 4.0 |
| 의암 | 70.0 | 282.2 | 26.0 | 2.0 |
| 화천 | 176.5 | 479.9 | 24.0 | 6.0 |
| 청평 | 49.5 | 447.8 | 27.0 | 5.0 |
| 섬진강 | 178.6 | 6.9 | 29.5 | 0.0 |
| 보성강 | 126.6 | 1.1 | 30.0 | 0.0 |
| 팔당 | 25.0 | 1,394.1 | 25.0 | 0.5 |
| 괴산 | 132.1 | 74.2 | 27.2 | 90.5 |

※ $P[kW]=9.8 \times Q[m^3/sec] \times H[m] \times \zeta$ [P : 출력량, Q : 유량, H : 유효낙차, $\zeta$ : 종합효율(수차효율×발전기효율)]
※ 모든 발전소의 유효낙차는 20m, 종합효율은 90%이다.

① $4m^3/min$                    ② $56m^3/min$

③ $240m^3/min$                 ④ $488m^3/min$

⑤ $987m^3/min$

**31** G공사는 현재 신입사원을 채용 중으로, 서류전형과 면접전형을 마치고 다음의 평가지표 결과를 얻었다. G공사 내 평가지표별 가중치를 이용하여 각 지원자의 최종 점수를 계산하고, 점수가 가장 높은 두 지원자를 채용하려고 할 때, G공사가 채용할 두 지원자는?

〈지원자별 평가지표 결과〉

(단위 : 점)

| 구분 | 면접 점수 | 영어 실력 | 팀내 친화력 | 직무 적합도 | 발전 가능성 | 비고 |
|---|---|---|---|---|---|---|
| A지원자 | 3 | 3 | 5 | 4 | 4 | 군필자 |
| B지원자 | 5 | 5 | 2 | 3 | 4 | 군필자 |
| C지원자 | 5 | 3 | 3 | 3 | 5 | – |
| D지원자 | 4 | 3 | 3 | 5 | 4 | 군필자 |
| E지원자 | 4 | 4 | 2 | 5 | 5 | 군 면제자 |

※ 군필자(만기제대)에게는 5점의 가산점을 부여한다.

〈평가지표별 가중치〉

| 구분 | 면접 점수 | 영어 실력 | 팀내 친화력 | 직무 적합도 | 발전 가능성 |
|---|---|---|---|---|---|
| 가중치 | 3 | 3 | 5 | 4 | 5 |

※ 가중치는 해당 평가지표 결과 점수에 곱한다.

① A, D지원자  
② B, C지원자  
③ B, E지원자  
④ C, D지원자  
⑤ D, E지원자

**32** 8%의 소금물 400g에서 한 컵의 소금물을 퍼내고 그 양만큼 물을 부은 다음 다시 2%의 소금물을 넣었더니 6%의 소금물 520g이 되었다. 퍼낸 소금물의 양은 얼마인가?

① 10g  
② 20g  
③ 30g  
④ 40g  
⑤ 50g

**33** 작년 C공사의 사원 수는 재작년에 비해 10% 증가하였고, 올해는 55명이 입사하여 작년보다 10% 증가하였다. 그렇다면 재작년 C공사의 사원 수는 몇 명인가?

① 400명
② 455명
③ 500명
④ 555명
⑤ 600명

**34** 영희는 회사 앞의 S빌라에 혼자 살고 있다. 빌라는 A동과 B동으로 각각 5층이며, 층별로 3호까지 있다(1호, 2호, 3호). 또한 빌라에 거주하고 있는 가구는 1인 가구 4가구(남자 2, 여자 2), 2인 가구 3가구(노부부, 중년부부, 신혼부부), 3인 가구 1가구, 4인 가구 1가구이며, 같은 층에 사는 총인원은 5명을 넘지 않는다. 다음 주어진 〈조건〉을 바탕으로 옳지 않은 것을 고르면?(단, A동 5층 3호와 B동 1층 2호는 사정상 창고로 사용하고 있다)

────〈조건〉────
- 여고를 졸업하고 취업 준비를 위해 혼자 상경한 은희는 영희와 학교 동창이고, 혼자 사는 영희의 옆집에 산다.
- A동에 사는 총 인원은 11명으로, B동에 사는 총 인원보다 5명 더 많다.
- 부부와 아들 한 명이 사는 집은 부부와 아들과 딸이 사는 집 바로 아래에 있다.
- 일주일 전에 결혼한 신혼부부인 희수는 4층에 살고 있으며, 아직 같은 층 이웃은 없다.
- 1인 가구 남자들은 모두 B동에 산다.
- 노부부는 1층에 살고 있으며, 같은 층에는 총 4명이 산다.
- A동 5층에는 1인 가구 여자들이 산다.

① 희수는 A동에 산다.
② 4인 가구와 3인 가구가 정확하게 몇 호에 사는지는 알 수 없다.
③ 노부부와 중년부부는 B동에 산다.
④ A동에는 중년부부가 산다.
⑤ B동에 사는 인원의 성비를 비교했을 때, 남자가 여자의 2배이다.

**35** 다음은 고속도로의 부대시설 현황이다. 이에 대한 설명으로 옳지 않은 것을 〈보기〉에서 모두 고르면?

〈부대시설 현황〉

(단위 : 개)

| 구분 | 영업소 | 휴게소 | 주유소 |
|---|---|---|---|
| 경부선 | 32 | 31 | 30 |
| 남해선 | 25 | 10 | 10 |
| 광주대구선 | 11 | 6 | 4 |
| 서해안선 | 27 | 17 | 17 |
| 울산선 | 1 | 0 | 0 |
| 익산 ~ 포항선 | 5 | 4 | 4 |
| 호남선(논산 ~ 천안선) | 20 | 11 | 10 |
| 중부선(대전 ~ 통영선) | 29 | 17 | 17 |
| 평택충주선 | 17 | 0 | 0 |
| 중부내륙선 | 23 | 10 | 10 |
| 영동선 | 21 | 12 | 12 |
| 중앙선 | 6 | 14 | 14 |
| 동해선 | 6 | 4 | 4 |
| 서울외곽순환선 | 1 | 0 | 0 |
| 마산외곽선 | 3 | 0 | 0 |
| 남해 제2지선 | 1 | 0 | 0 |
| 제2경인선 | 1 | 0 | 0 |
| 경인선 | 3 | 0 | 0 |
| 호남선의 지선 | 2 | 2 | 2 |
| 대전남부순환선 | 2 | 0 | 0 |
| 구미선 | 3 | 2 | 2 |
| 중앙선의 지선 | 2 | 0 | 0 |
| 합계 | 241 | 140 | 136 |

〈보기〉

(가) 휴게소가 있는 노선에는 반드시 주유소가 있다.
(나) 휴게소가 없는 노선은 영업소의 수가 3개 이하이다.
(다) 휴게소의 수와 주유소의 수가 일치하지 않는 노선은 모두 3개이다.
(라) [(휴게소) ÷ (영업소)] 비율이 가장 높은 노선은 경부선이다.
(마) 영업소, 휴게소, 주유소 모두 경부선이 가장 많다.

① (가), (나)
② (나), (다)
③ (나), (라)
④ (다), (라)
⑤ (다), (마)

**36** 최 씨 남매와 김 씨 남매, 박 씨 남매 6명은 야구 경기를 관람하기 위해 함께 야구장에 갔다. 다음 〈조건〉을 참고할 때, 항상 옳은 것은?

―――――――――〈조건〉―――――――――
- 양 끝자리는 같은 성별이 앉지 않는다.
- 박 씨(여성)는 왼쪽에서 세 번째 자리에 앉는다.
- 김 씨 남매는 서로 인접하여 앉지 않는다.
- 박 씨와 김 씨는 인접하여 앉지 않는다.
- 김 씨(남성)는 맨 오른쪽 끝자리에 앉는다.

**[야구장 관람석]**

|  |  |  |  |  |  |
|---|---|---|---|---|---|
|  |  |  |  |  |  |

① 최 씨 남매는 왼쪽에서 첫 번째 자리에 앉을 수 없다.
② 최 씨 남매는 서로 인접하여 앉는다.
③ 박 씨 남매는 서로 인접하여 앉지 않는다.
④ 최 씨(남성)는 박 씨(여성)와 인접하여 앉는다.
⑤ 김 씨(여성)는 최 씨(여성)와 인접하여 앉지 않는다.

**37** K공사에 근무하는 A ~ C 세 명은 협력업체를 방문하기 위해 택시를 타고 가고 있다. 〈조건〉을 근거로 할 때, 다음 중 항상 옳은 것은?

―――――――――〈조건〉―――――――――
- 세 명의 직급은 각각 과장, 대리, 사원이다.
- 세 명은 각각 검은색, 회색, 갈색 코트를 입었다.
- 세 명은 각각 기획팀, 연구팀, 디자인팀이다.
- 택시 조수석에는 회색 코트를 입은 과장이 앉아 있다.
- 갈색 코트를 입은 연구팀 직원은 택시 뒷좌석에 앉아 있다.
- 셋 중 가장 낮은 직급의 C는 기획팀이다.

① A – 대리, 갈색 코트, 연구팀
② A – 과장, 회색 코트, 디자인팀
③ B – 대리, 갈색 코트, 연구팀
④ B – 과장, 회색 코트, 디자인팀
⑤ C – 사원, 검은색 코트, 기획팀

**38** K기업에서는 2월 셋째 주에 연속 이틀에 걸쳐 본사에 있는 S강당에서 인문학 특강을 진행하려고 한다. 강당을 이용할 수 있는 날과 강사의 스케줄을 고려할 때, 섭외 가능한 강사를 모두 고르면?

〈2월 셋째 주 S강당 이용 가능 요일〉

| 구분 | 월요일 | 화요일 | 수요일 | 목요일 | 금요일 |
|---|---|---|---|---|---|
| 오전(9 ~ 12시) | × | ○ | × | ○ | ○ |
| 오후(13 ~ 14시) | × | × | ○ | ○ | × |

※ 가능 : ○, 불가능 : ×

〈섭외 강사 후보 스케줄〉

| | |
|---|---|
| A강사 | 매주 수요일, 목요일 10 ~ 14시 문화센터 강의 |
| B강사 | 매월 첫째 주, 셋째 주 화요일, 목요일 10시 ~ 14시 대학교 강의 |
| C강사 | 매월 첫째 주, 셋째 주 월요일, 수요일 오후 12시 ~ 14시 면접 강의 |
| D강사 | 매주 수요일 오후 13시 ~ 16시, 금요일 오전 9시 ~ 12시 도서관 강좌 |
| E강사 | 매월 첫째 주, 셋째 주 화요일 ~ 목요일 오전 9시 ~ 11시 강의 |

※ K기업 본사까지의 이동거리와 시간은 고려하지 않는다.
※ 강의는 연속 이틀로 진행되며 강사는 동일해야 한다.

① A, B강사　　　　　　　　　　② B, C강사
③ C, D강사　　　　　　　　　　④ C, E강사
⑤ D, E강사

**39** A유통은 전 문서의 보관, 검색, 이관, 보존 및 폐기에 대한 파일링시스템 규칙을 다음과 같이 적용하고 있다. 이에 따르면 2017년도에 작성된 문서의 보존연한이 3년일 경우 폐기연도로 가장 적절한 것은?

■ A유통 파일링시스템 규칙
- 보존연한이 경과한 문서는 세단 또는 소각 등의 방법으로 폐기한다.
- 보존연한은 문서처리 완결일인 익년 1월 1일부터 가산한다.

① 2019년 초　　　　　　　　　　② 2020년 초
③ 2021년 초　　　　　　　　　　④ 2022년 초
⑤ 2023년 초

안심Touch

**40** K무역회사는 유럽의 P회사와 체결한 수출계약 건으로 물품을 보내려고 한다. 물품은 20ft 컨테이너로 내부에 가득 채워 보낼 예정이다. 물품은 A와 B로 구성되어 있어 개별로 포장되며, 물품 A 2박스와 물품 B 1박스가 결합했을 때 완제품이 된다. 정확하게 파악하기 위해서 컨테이너에는 한 세트를 이루도록 넣고자 한다. 물품 A와 B의 포장규격과 20ft 컨테이너 내부 규격이 다음과 같다면, 총 몇 박스의 제품이 실리겠는가?(단, 제품 박스는 세우거나, 기울일 수 없다)

- 20ft 컨테이너 내부 규격 : (L)6,000mm×(W)2,400mm×(H)2,400mm
- 물품 A의 포장규격 : (L)200mm×(W)200mm×(H)400mm
- 물품 B의 포장규격 : (L)400mm×(W)200mm×(H)400mm

① 1,440박스      ② 1,470박스
③ 1,530박스      ④ 1,580박스
⑤ 1,620박스

**41** S회사 근처에는 A ~ E 5개의 약국이 있으며, 공휴일에는 A ~ E약국 중 단 2곳만 영업을 한다. 다음 〈조건〉을 참고할 때, 반드시 참인 것은?(단, 한 달간 약국의 공휴일 영업일수는 서로 같다)

─────〈조건〉─────
- 이번 달의 공휴일은 총 5일이다.
- 오늘은 세 번째 공휴일이며, 현재 A와 C약국이 영업하고 있다.
- D약국은 오늘을 포함하여 이번 달 남은 공휴일에 더 이상 영업하지 않는다.
- E약국은 마지막 공휴일에 영업한다.
- A와 E약국은 이번 달 공휴일에 D약국과 함께 이미 한 번씩 영업하였다.

① A약국은 이번 달 두 번의 공휴일에 연속으로 영업한다.
② 이번 달 B와 E약국이 함께 영업하는 공휴일은 없다.
③ B약국은 두 번째, 네 번째 공휴일에 영업한다.
④ 네 번째 공휴일에 영업하는 약국은 B와 C이다.
⑤ E약국은 첫 번째, 다섯 번째 공휴일에 영업한다.

**42** 갑과 을이 다음 〈조건〉에 따라 게임을 할 때, 옳지 않은 것은?

―〈조건〉―

- 갑과 을은 다음과 같이 시각을 표시하는 하나의 시계를 가지고 게임을 한다.

| 0 | 9 | : | 1 | 5 |
|---|---|---|---|---|

- 갑, 을 각자가 일어났을 때, 시계에 표시된 4개의 숫자를 합산하여 게임의 승패를 결정한다. 숫자의 합이 더 작은 사람이 이기고, 숫자의 합이 같을 때에는 비긴다.
- 갑은 오전 6:00 ~ 오전 6:59에 일어나고, 을은 오전 7:00 ~ 오전 7:59에 일어난다.

① 갑이 오전 6시 정각에 일어나면, 반드시 갑이 이긴다.
② 을이 오전 7시 59분에 일어나면, 반드시 을이 진다.
③ 을이 오전 7시 30분에 일어나고, 갑이 오전 6시 30분 전에 일어나면 반드시 갑이 이긴다.
④ 갑과 을이 정확히 1시간 간격으로 일어나면, 반드시 갑이 이긴다.
⑤ 갑과 을이 정확히 50분 간격으로 일어나면, 갑과 을은 비긴다.

**43** 다음 자료는 휴대전화를 구입하기 위하여 작성한 것이다. 경제적 의사결정과 관련하여 옳은 설명은?(단, 만족도 1단위는 화폐 1만 원의 가치와 같다)

| 상품 \ 가격 \ 만족도 | 광고의 호감도 (5) | 디자인 (12) | 카메라 기능 (8) | 단말기 크기 (9) | A/S (6) | 만족도 합계 (40) |
|---|---|---|---|---|---|---|
| A 35만 원 | 5 | 10 | 6 | 8 | 5 | 34 |
| B 28만 원 | 4 | 9 | 6 | 7 | 5 | 31 |
| C 25만 원 | 3 | 7 | 5 | 6 | 4 | 25 |

※ ( ) 안은 만족도의 만점임

① 합리적으로 선택한다면 상품 B를 구입할 것이다.
② 단말기 크기보다 카메라 기능을 더 중시하고 있다.
③ 만족도가 가장 큰 대안을 선택하는 것이 가장 합리적이다.
④ 예산이 25만 원으로 제한되면 휴대전화 구입을 포기할 것이다.
⑤ 구매 선택의 기준으로 휴대전화의 성능을 지나치게 중시하고 있다.

안심Touch

**44** G공사는 설을 맞이하여 우수제품 특판 행사에서 직원 선물을 구매하려고 한다. 총무부 B사원은 상품 명단을 공지하여 부서별로 상품을 하나씩 선택하게 하였다. 상품 선택 결과가 아래와 같을 때 빈칸에 들어갈 가격을 포함한 총 주문금액은?

---

### 〈우수제품 설맞이 특판〉

G공사에서는 우수제품 판매 촉진을 위해 (사)전국6차산업인증사업자협회와 공동으로 2022년 설맞이 '우수제품 특판 행사'를 진행합니다.

대한민국 정부가 인증한 경영체가 지역의 농산물을 이용해 생산하여 신선하고 믿을 수 있는 제품입니다. 이번 행사에는 선물용 세트 12종(흑삼, 한과 등)을 시중 판매 가격 대비 최대 40% 이상 할인된 가격으로 판매하니 많은 주문 바랍니다.

- 주문기간 : 2022년 1월 13일(목) ~ 2022년 1월 27일(목)
- 주문방법 : 첨부파일 상품 주문서 작성 후 E-메일 또는 팩스 발송

| 순번 | 상품명 | 구성 | 단가 정상가(원) | 단가 할인율 |
|---|---|---|---|---|
| 1 | 흑삼 에브리진생 | 흑삼농축액 스틱형(10ml×10포×3입) | 75,000 | 34% |
| 2 | 하루절편 | 흑삼절편 200g(20g×10입) | 45,000 | 12% |
| 3 | 천지수인고 | 배·도라지·생강 농축액(240g×3입) | 120,000 | 40% |
| 4 | 도자기꿀 | 500g | 80,000 | 40% |
| 5 | 한과 선물세트 | 찹쌀유과 700g(콩, 백년초, 쑥) | 28,000 | 26% |
| 6 | 슬로푸드 선물세트 | 매실진액 500ml＋감식초 500ml | 28,000 | 29% |

※ 할인율 적용 시 10원 단위 이하는 절사한다.

### 〈부서별 상품주문 현황〉

| 구분 | 상품명 | 개수 | 가격 |
|---|---|---|---|
| 총무 | 하루절편 | 10 | 396,000원 |
| 마케팅 | 슬로푸드 선물세트 | 13 | ( ) |
| 영업 | 도자기꿀 | 8 | 384,000원 |
| 인사 | 흑삼 에브리진생 | 16 | ( ) |
| 기술 | 한과 선물세트 | 9 | ( ) |

① 1,230,000원   ② 1,235,700원
③ 1,236,920원   ④ 2,015,000원
⑤ 2,015,700원

귀하의 팀은 출장근무를 마치고 서울로 복귀하고자 한다. 다음의 상황과 대화를 고려했을 때, 서울에 가장 일찍 도착할 수 있는 예정시각은?

〈상황〉

- 귀하가 소속된 팀원은 총 4명이다.
- 대전에서 출장을 마치고 서울로 돌아가려고 한다.
- 고속버스터미널에는 은행, 편의점, 화장실, 패스트푸드점 등이 있다.
  ※ 시설별 소요시간 : 은행 30분, 편의점 10분, 화장실 20분, 패스트푸드점 25분

〈대화 내용〉

- A과장 : 긴장이 풀려서 그런가? 배가 출출하네. 패스트푸드점에서 햄버거라도 사 먹어야겠어.
- B대리 : 저도 출출하긴 한데 그것보다 화장실이 더 급하네요. 금방 다녀오겠습니다.
- C주임 : 그럼 그사이에 버스표를 사야 하니 은행에 들러 현금을 찾아오겠습니다.
- 귀하 : 저는 그동안 버스 안에서 먹을 과자를 편의점에서 사 오겠습니다.
- A과장 : 지금이 16시 50분이니까 다들 각자 볼일 보고 빨리 돌아와. 다 같이 타고 가야 하니까.

〈시외버스 배차정보〉

| 대전 출발 시각 | 서울 도착 예정시각 | 잔여좌석 수 |
|---|---|---|
| 17:00 | 19:00 | 6 |
| 17:15 | 19:15 | 8 |
| 17:30 | 19:30 | 3 |
| 17:45 | 19:45 | 4 |
| 18:00 | 20:00 | 8 |
| 18:15 | 20:15 | 5 |
| 18:30 | 20:30 | 6 |
| 18:45 | 20:45 | 10 |
| 19:00 | 21:00 | 16 |

① 17:45
② 19:15
③ 19:45
④ 20:15
⑤ 20:45

**46** 투자정보팀에서는 투자 부적격 기업을 미리 알아볼 수 있는 이상 징후와 인과 및 상관관계를 바탕으로 투자 여부를 판단한다. 투자 여부 판단 대상기업은 A ~ E이고, 〈조건〉을 바탕으로 판단할 때, 투자 부적격 기업을 모두 고르면?

---

〈이상 징후〉

㉮ 기업문화의 종교화
㉯ 정책에 대한 지나친 의존
㉰ 인수 합병 의존도의 증가
㉱ 견제 기능의 부재
㉲ CEO의 법정 출입

〈이상 징후별 인과 및 상관관계〉

1) 기업문화의 종교화(㉮)와 인수 합병 의존도의 증가(㉰)는 동시에 나타난다.
2) 견제 기능의 부재(㉱)가 나타나면 정책에 대한 지나친 의존(㉯)이 나타난다.
3) CEO의 법정 출입(㉲)이 나타나면 정책에 대한 지나친 의존(㉯)과 인수 합병 의존도의 증가(㉰)가 나타난다.

투자정보팀은 ㉮ ~ ㉲ 중 4개 이상의 이상 징후가 발견될 경우 투자를 하지 않기로 결정한다.

---

〈조건〉

1. ㉮는 A, B, C기업에서만 나타났다.
2. ㉯는 D기업에서 나타났고, C와 E기업에서는 나타나지 않았다.
3. ㉱는 B기업에서 나타났고, A기업에서는 나타나지 않았다.
4. ㉲는 A기업에서 나타나지 않았다.
5. 각각의 이상 징후 ㉮ ~ ㉲ 중 모든 기업에서 동시에 나타나는 이상 징후는 없었다.

---

① A
② B
③ B, C
④ D, E
⑤ C, D, E

**47** 경영기획실에서 근무하는 귀하는 매년 부서별 사업계획을 정리하는 업무를 맡고 있다. 부서별로 수립한 사업계획을 간략하게 정리한 보고서를 보고 귀하의 판단으로 옳은 것은?

**〈사업별 기간 및 소요예산〉**

- A사업 : 총 사업기간은 2년으로, 첫해에는 1조 원, 둘째 해에는 4조 원의 예산이 필요하다.
- B사업 : 총 사업기간은 3년으로, 첫해에는 15조 원, 둘째 해에는 18조 원, 셋째 해에는 21조 원의 예산이 소요된다.
- C사업 : 총 사업기간은 1년으로, 총 소요예산은 15조 원이다.
- D사업 : 총 사업기간은 2년으로, 첫해에는 15조 원, 둘째 해에는 8조 원의 예산이 필요하다.
- E사업 : 총 사업기간은 3년으로, 첫해에는 6조 원, 둘째 해에는 12조 원, 셋째 해에는 24조 원의 예산이 소요된다.

올해를 포함한 향후 5년간 위의 5개 사업에 투자할 수 있는 예산이 아래와 같다.

**〈연도별 가용예산〉**

(단위 : 조 원)

| 1년 차(올해) | 2년 차 | 3년 차 | 4년 차 | 5년 차 |
|---|---|---|---|---|
| 20 | 24 | 28.8 | 34.5 | 41.5 |

**〈규정〉**

(1) 모든 사업은 한번 시작하면 완료될 때까지 중단 할 수 없다.
(2) 5개 사업에 투자할 수 있는 예산은 당해 사업연도에 남아도 상관없다.
(3) 각 사업연도의 예산은 이월될 수 없다.
(4) 모든 사업을 향후 5년 이내에 반드시 완료한다.

① B사업을 3년 차에 시작하고 C사업을 5년 차에 시행한다.
② A사업과 D사업을 1년 차에 동시에 시작한다.
③ 1년 차에는 E사업만 시작한다.
④ D사업을 1년 차에 시작한다.
⑤ 1년 차에 E사업과 A사업을 같이 시작한다.

안심Touch

※ 다음은 비품 가격표이다. 이어지는 질문에 답하시오. [48~49]

**〈비품 가격표〉**

| 품명 | 수량 | 단가(원) |
|---|---|---|
| 라벨지 50mm(SET) | 1 | 18,000 |
| 받침대 | 1 | 24,000 |
| 블루투스 마우스 | 1 | 27,000 |
| ★특가★ 문서수동세단기(탁상용) | 1 | 36,000 |
| AAA건전지(SET) | 1 | 4,000 |

※ 3단 받침대는 2,000원 추가
※ 라벨지 91mm 사이즈 변경 구매 시 SET당 5% 금액 추가
※ 블루투스 마우스 3개 이상 구매 시 AAA건전지 3SET 무료 증정

**48** A회사에서는 2/4분기 비품 구매를 하려고 한다. 다음 중 총 주문금액으로 올바른 것은?

**〈주문서〉**

| 라벨지 50mm | 2SET | 받침대 | 1개 |
|---|---|---|---|
| 블루투스 마우스 | 5개 | AAA건전지 | 5SET |

① 148,000원
② 183,000원
③ 200,000원
④ 203,000원
⑤ 205,000원

**49** 비품 구매를 담당하는 A사원은 주문 수량을 잘못 기입해서 주문 내역을 수정하였다. 수정 내역대로 비품을 주문했을 때, 총 주문금액으로 올바른 것은?

**〈주문서〉**

| 라벨지 91mm | 4SET | 3단 받침대 | 2개 |
|---|---|---|---|
| 블루투스 마우스 | 3개 | AAA건전지 | 3SET |
| 문서수동세단기 | 1개 | | |

① 151,000원
② 244,600원
③ 252,600원
④ 256,600원
⑤ 262,600원

**50** 희재는 수국, 작약, 장미, 카라 4종류의 꽃을 총 12송이 가지고 있다. 이 꽃들을 12명의 사람에게 한 송이씩 주려고 한다. 다음 주어진 정보가 모두 참일 때, 〈보기〉에서 옳은 것을 모두 고르면?

---

〈정보〉

- 꽃 12송이는 수국, 작약, 장미, 카라 4종류가 모두 1송이 이상씩 있다.
- 작약을 받은 사람은 카라를 받은 사람보다 적다.
- 수국을 받은 사람은 작약을 받은 사람보다 적다.
- 장미를 받은 사람은 수국을 받은 사람보다 많고, 작약을 받은 사람보다 적다.

---

〈보기〉

ㄱ. 카라를 받은 사람이 4명이면, 수국을 받은 사람은 1명이다.

ㄴ. 카라와 작약을 받은 사람이 각각 5명, 4명이면, 장미를 받은 사람은 2명이다.

ㄷ. 수국을 받은 사람이 2명이면, 작약을 받은 사람이 수국을 받은 사람보다 2명 많다.

---

① ㄱ           ② ㄴ

③ ㄱ, ㄴ     ④ ㄷ

⑤ ㄴ, ㄷ

안심Touch

www.sdedu.co.kr

# 5권

# 한국가스공사
# 정답 및 해설

## 온라인 모의고사 무료쿠폰

| 쿠폰 번호 | NCS통합 A00-00000-4A5BD |
| | 한국가스공사 1회 AAFQ-00000-199A6 |
| | 한국가스공사 2회 AAFT-00000-F93FC |

**[쿠폰 사용 안내]**

1. 합격시대 홈페이지(www.sidaegosi.com/pass_sidae_new)에 접속합니다.
2. 홈페이지 상단 '1회 무료 이용권 제공' 배너를 클릭하고, 쿠폰번호를 입력합니다.
3. 내강의실 > 모의고사 > 합격시대 모의고사를 클릭하면 응시 가능합니다.

※ iOS / macOS 운영체제에서는 서비스되지 않습니다.

※ 본 쿠폰은 등록 후 30일간 이용 가능합니다.

## 무료NCS특강 쿠폰

**쿠폰번호  FWN-96425-14741**

**[쿠폰 사용 안내]**

1. 시대플러스 홈페이지(www.sdedu.co.kr/plus)에 접속합니다.
2. 상단 카테고리 「이벤트」를 클릭합니다.
3. 「NCS 도서구매 특별혜택 이벤트」를 클릭한 후 쿠폰번호를 입력합니다.

## AI면접 1회 무료쿠폰

**쿠폰번호  AQB-82534-00280**

**[쿠폰 사용 안내]**

1. WIN시대로(www.winsidaero.com)에 접속합니다.
2. 회원가입 후 상단 카테고리 「이벤트」를 클릭합니다.
3. 쿠폰번호를 입력 후 [마이페이지]에서 이용권을 사용하여 면접을 실시합니다.

※ 무료 쿠폰으로 응시한 면접에는 제한된 리포트가 제공됩니다.

※ 본 쿠폰은 등록 후 7일간 이용 가능합니다.

 도서 관련 최신 정보 및 정오사항이 있는지 우측 QR을 통해 확인해 보세요!

# 제1회 모의고사 정답 및 해설

| 01 | 02 | 03 | 04 | 05 | 06 | 07 | 08 | 09 | 10 |
|----|----|----|----|----|----|----|----|----|----|
| ④ | ③ | ① | ④ | ④ | ② | ① | ② | ① | ① |
| 11 | 12 | 13 | 14 | 15 | 16 | 17 | 18 | 19 | 20 |
| ② | ④ | ④ | ④ | ② | ④ | ④ | ② | ② | ③ |
| 21 | 22 | 23 | 24 | 25 | 26 | 27 | 28 | 29 | 30 |
| ④ | ⑤ | ④ | ④ | ① | ④ | ① | ⑤ | ③ | ① |
| 31 | 32 | 33 | 34 | 35 | 36 | 37 | 38 | 39 | 40 |
| ④ | ③ | ④ | ④ | ④ | ④ | ③ | ④ | ② | ③ |
| 41 | 42 | 43 | 44 | 45 | 46 | 47 | 48 | 49 | 50 |
| ② | ② | ③ | ② | ② | ② | ③ | ③ | ① | ① |

## 01 정답 ④

기사에서는 대기업과 중소기업 간의 상생경영의 중요성을 강조하고 있다. 기존에는 대기업이 시혜적 차원에서 중소기업에게 베푸는 느낌이 강했지만, 현재는 협력사의 경쟁력 향상이 곧 기업의 성장으로 이어질 것으로 보고, 상생경영의 중요성을 높이고 있다. 대기업이 지원해준 업체의 기술력 향상으로 더 큰 이득을 보상받는 등 상생협력이 대기업과 중소기업 모두에게 효과적임을 알 수 있다. 따라서 '시혜적 차원에서의 대기업 지원의 중요성'은 기사 제목으로 적절하지 않다.

## 02 정답 ③

제시된 차트에 데이터 레이블은 표시되어 있지 않다. 데이터 레이블이 표시되어 있다면, 정확한 수치가 그래프 위에 나타난다.

## 03 정답 ①

프리드만의 '우주는 극도의 고밀도 상태에서 시작돼 점차 팽창하면서 밀도가 낮아졌다.'라는 이론과 르메트르의 '우주가 원시 원자들의 폭발로 시작됐다.'라는 이론은 동시에 성립 가능한 이론이다. 따라서 프리드만의 이론과 르메트르의 이론은 양립할 수 없는 관계라는 해석은 제시문에 대한 이해로 적절하지 않다.

## 04 정답 ④

제시된 글은 딸기에 들어있는 비타민 C와 항산화 물질, 식물성 섬유질, 철분 등을 언급하며 딸기의 다양한 효능을 설명하고 있다.

## 05 정답 ④

딸기는 건강에 좋지만, 당도가 높으므로 혈당 조절이 필요한 사람을 마케팅 대상으로 삼는 것은 옳지 않다.

## 06 정답 ②

제시문의 구조는 담배의 유해성을 설명한 후, 유해성과 관련하여 담배회사와 건강보험공단 간의 소송이라는 흐름으로 이어진다. 따라서 (D) 약초로 알고 있던 선조의 생각과는 달리 유해한 담배 → (A) 연구결과에 따른 흡연자들의 높은 암 발생률 → (C) 담배의 유해성을 안건으로 담배회사와 소송을 진행하고 있는 건강보험공단 → (B) 이에 대응하는 건강보험공단 순으로 문단이 배열되어야 한다.

## 07 정답 ①

제시문은 최대수요 입지론에 의해 업체가 입지를 선택하는 방법을 설명하는 글로, 최초로 입지를 선택하는 업체와 그다음으로 입지를 선택하는 업체가 입지를 선정하는 기준과 변인이 생기는 경우 두 업체의 입지를 선정하는 기준을 설명하는 글이다. 따라서 (B) 최대수요 입지론에서 입지를 선정할 때 고려하는 요인 → (A) 최초로 입지를 선정하는 업체의 입지 선정법 → (C) 다음으로 입지를 선정하는 업체의 입지 선정법 → (D) 다른 변인이 생기는 경우 두 경쟁자의 입지 선정법 순서로 연결되어야 한다.

## 08 정답 ②

제시문은 5060세대에 대해 설명하는 글로, 기존에는 5060세대들이 사회로부터 배척당하였다면 최근에는 사회적인 면이나 경제적인 면에서 그 위상이 높아졌고, 이로 인해 마케팅 전략 또한 변화될 것이라고 보고 있다. 따라서 글의 제목으로는 ②가 가장 적절하다.

## 09
**정답 ①**

데이터베이스(DB; Data Base)란 어느 한 조직의 여러 응용 프로그램들이 공유하는 관련 데이터들의 모임이다. 대학 내 서로 관련 있는 데이터들을 하나로 통합하여 데이터베이스로 구축하게 되면, 학생 관리 프로그램, 교수 관리 프로그램, 성적 관리 프로그램은 이 데이터베이스를 공유하며 사용하게 된다. 이처럼 데이터베이스는 여러 사람에 의해 공유되어 사용될 목적으로 통합하여 관리되는 데이터의 집합을 말하며, 자료항목의 중복을 없애고 자료를 구조화하여 저장함으로써 자료 검색과 갱신의 효율을 높인다.

**오답분석**

② 유비쿼터스 : 사용자가 네트워크나 컴퓨터를 의식하지 않고 장소에 상관없이 자유롭게 네트워크에 접속할 수 있는 정보통신 환경을 의미한다.

③ RFID : 극소형 칩에 상품정보를 저장하고 안테나를 달아 무선으로 데이터를 송신하는 장치를 말한다.

④ NFC : NFC는 전자태그(RFID)의 하나로 13.56Mhz 주파수 대역을 사용하는 비접촉식 근거리 무선통신 모듈이며, 10cm의 가까운 거리에서 단말기 간 데이터를 전송하는 기술을 말한다.

⑤ 와이파이 : 무선접속장치(AP; Access Point)가 설치된 곳에서 전파를 이용하여 일정 거리 안에서 무선인터넷을 할 수 있는 근거리 통신망을 칭하는 기술이다.

## 10
**정답 ①**

수험생의 건강이 나빠진 상황에서 다시 예전의 건강했던 상태로 되돌아가려는 것이므로 '찾다'보다 '되찾다'는 단어가 적절하다.

**오답분석**

밑줄 친 ⑩의 앞뒤 내용을 살펴보면, 시험에 떨어지거나 낮은 성적을 받는 것에 대한 심리적 압박감이 건강을 위협하며, 전문가들은 이러한 스트레스 해소를 위해 명상 및 취미 활동을 통한 긴장 완화가 도움이 된다고 조언한다는 내용이다. 하지만 ⑩의 내용은 앞뒤 내용 사이에 삽입되기에는 흐름상 매끄럽지 못하다. 따라서 ⑤의 수정사항은 적절하다.

## 11
**정답 ②**

서울에서 부산까지 무정차로 걸리는 시간을 $x$시간이라고 하면

$$x = \frac{400}{120} = \frac{10}{3} \rightarrow 3시간\ 20분$$

9시에 출발해 13시 10분에 도착했으므로 걸린 시간은 4시간 10분이다. 즉, 무정차 시간과 비교하면 50분이 더 걸렸고, 역마다 정차하는 시간은 10분이므로 정차한 역의 수는 $50 \div 10 = 5$개이다.

## 12
**정답 ④**

11% 소금물의 양은 $(100-x) + x + y = 300 \rightarrow y = 200$

$$\frac{20}{100}(100-x) + x + \frac{11}{100} \times 200 = \frac{26}{100} \times 300$$

$$\rightarrow 2,000 - 20x + 100x + 2,200 = 7,800$$

$$\rightarrow x = 45$$

$$\therefore x + y = 245$$

## 13
**정답 ④**

1월과 6월의 전기요금을 각각 $5k$원, $2k$원이라고 하자(단, $k > 0$). 1월 전기 요금에서 6만 원을 뺄 경우 비율이 3 : 2이므로

$$(5k - 60,000) : 2k = 3 : 2$$

$$\rightarrow 10k - 120,000 = 6k$$

$$\rightarrow 4k = 120,000$$

$$\therefore k = 30,000$$

따라서 1월의 전기요금은 $5k = 5 \times 30,000 = 150,000$원이다.

## 14
**정답 ④**

㉠ 2차 구매 시 1차와 동일한 제품을 구매하는 사람들이 다른 어떤 제품을 구매하는 사람들보다 최소한 $1.5 \sim 2$배 이상 높은 수치를 보이고 있다.

㉢ 1차에서 C를 구매한 사람들은 204명으로 가장 많았고, 2차에서 C를 구매한 사람들은 231명으로 가장 많았다.

**오답분석**

㉡ 1차에서 A를 구매한 뒤 2차에서 C를 구매한 사람들은 44명, 반대로 1차에서 C를 구매한 뒤 2차에서 A를 구매한 사람들은 17명이므로 전자의 경우가 더 많다.

## 15
**정답 ②**

ㄱ. 가구주만 60,000달러를 버는 경우 단일누진세율 체계에 따라 납세액은 $60,000 \times 0.15 = 9,000$달러이다.

ㄴ. 가구주만 50,000달러를 버는 경우는 $50,000 - (50,000 \times 0.15) = 42,500$달러이며, 맞벌이 부부가 45,000달러를 버는 경우는 $45,000 - [(15,000 \times 0.1) + (30,000 \times 0.15)] = 39,000$달러이다.

ㄹ. $(15,000 \times 0.1) + (45,000 \times 0.15) + (100,000 \times 0.25) = 33,250$달러

**오답분석**

ㄷ. 부부합산소득이 15,000달러 이하일 때는 어느 쪽이든 10% 세액이 적용된다.

ㅁ. 부부합산소득이 100,000달러인 맞벌이 가구의 경우 한계소득세율 체계 및 적용례를 참고하면 18,250달러를 내고, 가구주 혼자 100,000달러를 버는 경우 $100,000 \times 0.25 = 25,000$달러를 내므로, 맞벌이 가구가 6,750달러 세금을 더 적게 낸다.

## 16         정답 ④

ㄱ. 1라운드 때 S팀의 선수를 C선수로 정하면, 나머지 라운드에 출전할 수 있는 선수는 다음과 같다.
- 2라운드 : A선수, B선수
- 3라운드 : D선수, F선수, G선수

따라서 1라운드에서 S팀의 선수를 C선수로 정할 때, S팀이 선발할 수 있는 출전 선수의 조합은 2×3=6가지이다.

ㄷ. C선수는 1라운드와 2라운드에 출전할 수 있다. 그러나 첫 번째 조건에 의하여 한 명의 선수는 하나의 라운드에만 출전할 수 있으므로 C선수의 1라운드 출전 여부에 따라 출전 선수 조합의 수를 구해야 한다.
- C선수가 1라운드에 출전할 때
  ㄱ.의 해설에 따라 S팀이 선발할 수 있는 출전 선수의 조합은 6가지이다.
- C선수가 1라운드에 출전하지 않을 때
  − 1라운드 : E선수
  − 2라운드 : A선수, B선수, C선수
  − 3라운드 : D선수, F선수, G선수
  C선수가 1라운드에 출전하지 않을 때 S팀이 선발할 수 있는 출전 선수의 조합은 1×3×3=9가지이다.

따라서 S팀이 선발할 수 있는 출전 선수의 조합은 6+9=15 가지이다.

**오답분석**

ㄴ. 2라운드 때 S팀의 선수를 A선수로 정하면 나머지 라운드에 출전할 수 있는 선수는 다음과 같다.
- 1라운드 : C선수, E선수
- 3라운드 : D선수, F선수, G선수

따라서 2라운드에서 S팀의 선수를 A선수로 정할 때, S팀이 선발할 수 있는 출전 선수의 조합은 2×3=6가지이다.

## 17         정답 ④

등록 장애인 수가 가장 많은 장애등급은 6급이고, 가장 적은 장애등급은 1급이다. 124,623×3<389,601이므로, 6급 등록 남성 장애인 수가 1급 남성 장애인 수의 3배 이상이다.

**오답분석**

① 자료의 수치가 크므로 여성과 남성의 비를 이용해 전체 등록 장애인 수의 증가율을 어림하여 계산할 수 있다. 여성과 남성 등록 장애인 수의 비는 약 2 : 3이다. 따라서 전체 장애인 수의 증가율은 약 3.50%이다.

② 주어진 자료를 통해서는 전년도 등급별 등록 장애인 수를 알 수 없다.

③ 5급과 6급의 등록 장애인 수의 합은
248,059+278,586+203,810+389,601=1,120,056이고,
1,120,056×2<2,517,312이므로, 50% 이하이다.

⑤ 성별 등록 장애인 수 차이가 가장 작은 장애등급은 4급이고, 가장 큰 장애등급은 6급이다.

$$\therefore \frac{190,772+203,810}{1,048,979} \times 100 = 37.6\%$$

## 18         정답 ②

인사점수를 산정한 자료를 바탕으로 각 직원의 점수를 표로 정리하면 다음과 같다.

| 구분 | 리더십 점수 | (조직기여도) ×(부서점수) | 성과 점수 | 교육 점수 | 직급 점수 | 합계 |
|---|---|---|---|---|---|---|
| L과장 | 88 | 86×1.5 =129 | 83 | 0 | 100 | 400 |
| M차장 | 92 | 90×1.5 =135 | 88 | 20 | 100 | 435 |
| N주임 | 90 | 82×1.0 =82 | 85 | 0 | 50 | 307 |
| O사원 | 90 | 90×0.8 =72 | 85 | 0 | 50 | 297 |
| P대리 | 83 | 90×1.5 =135 | 88 | 20 | 80 | 406 |

따라서 400점 이상 410점 이하인 직원은 L과장(400점), P대리(406점) 2명이다.

## 19         정답 ②

가장 높은 점수를 받은 사람은 435점을 받은 M차장이다.

## 20         정답 ③

'1인 가구의 인기 음식(ⓒ)'과 '5세 미만 아동들의 선호 색상(ⓗ)'은 각각 음식과 색상에 대한 자료를 가구, 연령으로 특징지음으로써 자료를 특정한 목적으로 가공한 정보(Information)로 볼 수 있다.

**오답분석**

㉠·㉣·㉤ 특정한 목적이 없는 자료(Data)의 사례이다.
ⓒ 특정한 목적을 달성하기 위한 지식(Knowledge)의 사례이다.

## 21         정답 ④

게임 규칙과 결과를 토대로 경우의 수를 따져보면 다음과 같다.

| 라운드 | 벌칙 제외 | 총 퀴즈 개수 |
|---|---|---|
| 3 | A | 15 |
| 4 | B | 19 |
| 5 | C | 21 |
| | D | 21 |
| | C | 22 |
| | E | 22 |
| | D | 22 |
| | E | 22 |

ㄴ. 총 22개의 퀴즈가 출제되었다면, E가 정답을 맞혀 벌칙에서 제외된 것이다.

ㄷ. 게임이 종료될 때까지 총 21개의 퀴즈가 출제되었다면 C, D가 벌칙에서 제외된 경우로 5라운드에서 E에게는 정답을 맞힐 기회가 주어지지 않았다. 따라서 퀴즈를 푸는 순서가 벌칙을 받을 사람 선정에 영향을 미친다.

**오답분석**

ㄱ. 5라운드까지 4명의 참가자가 벌칙에서 제외되었으므로 정답을 맞힌 퀴즈는 8개, 벌칙을 받을 사람은 5라운드까지 정답을 맞힌 퀴즈는 0개나 1개이므로 총 정답을 맞힌 퀴즈는 8개나 9개이다.

## 22
정답 ⑤

세 번째·네 번째 명제에 의해, 종열이와 지훈이는 춤을 추지 않았다. 또한, 두 번째 명제의 대우에 의해 재현이가 춤을 추었고, 첫 번째 명제에 따라 서현이가 춤을 추었다.

## 23
정답 ④

회의내용에서 알 수 있는 내용이다.

**오답분석**

① 회의에 참석한 인원이 6명일 뿐 조직의 인원은 회의록으로 알 수 없다.

② 회의 참석자는 생산팀 2명, 연구팀 2명, 마케팅팀 2명으로 총 6명이다.

③ 마케팅팀에서 제품을 전격 회수하고 연구팀에서 유해성분을 조사하기로 했다.

⑤ 연구팀에서 유해성분을 조사하기로 했을 뿐 결과는 알 수 없다.

## 24
정답 ④

가장 먼저 해야 할 일은 주문량이 급격히 증가한 일주일 동안 생산된 제품을 파악하는 것이다. 문제의 제품이 전부 회수돼야 포장재질 및 인쇄된 잉크 유해성분을 조사한 뒤 적절한 조치가 가능해지기 때문이다.

## 25
정답 ①

조사 내용에서 언급된 주된 주제는 '해외 근거리 당일 왕복항공'에 대한 것으로 전반적인 항공 시장 동향과 더불어 이용 실적, 잠재 수요, 개선 사항 등을 조사할 계획임을 확인할 수 있다. 따라서 단기 해외여행의 수요 증가현황과 관련 항공 시장 파악이라는 목적은 적합하지 않다.

## 26
정답 ④

제시문의 핵심내용은 '기본 모델'에서는 증권시장에서 주식의 가격이 '기업의 내재적인 가치'라는 객관적인 기준에 근거하여 결정된다고 보지만 '자기참조 모델'에서는 주식의 가격이 증권시장에 참여한 사람들의 여론에 의해, 즉 인간의 주관성에 의해 결정된다고 본다는 것이다. 따라서 제시문은 주가 변화의 원리에 초점을 맞추어 다른 관점들을 대비하고 있다.

## 27
정답 ①

글쓴이는 객관적인 기준을 중시하는 기본 모델은 주가 변화를 제대로 설명하지 못하지만, 인간의 주관성을 중시하는 자기참조 모델은 주가 변화를 제대로 설명하고 있다고 보고 있다. 따라서 증권시장의 객관적인 기준이 인간의 주관성보다 합리적임을 보여준다는 진술은 제시문의 내용과 다르다.

## 28
정답 ⑤

'자기참조 모델'에서는 투자자들이 객관적인 기준에 따르기보다는 여론을 모방하여 주식을 산다고 본다. 그 모방은 합리적이라고 인정되는 다수의 비전인 '묵계'에 의해 인정된다. 증권시장은 이러한 묵계를 조성하고 유지해 가면서 경제를 자율적으로 평가할 힘을 가진다. 따라서 증권시장은 '투자자들이 묵계를 통해 자본의 가격을 산출해 내는 제도적 장치'인 것이다.

## 29
정답 ③

'테슬라사'와 그래핀 배터리를 사용한 '피스커사'를 비교하는 (A) → '이모션'에 들어갈 그래핀 배터리를 설명하는 (C) → 우리나라 연구진이 그래핀 배터리의 핵심인 슈퍼커패시터를 개발하는 데 성공했다는 내용의 (D) → 상용화의 가능성과 그래핀 배터리의 활약을 기대하는 (B) 순서가 적절하다.

## 30
정답 ①

(C)는 '피스커사'의 '이모션'에 들어갈 그래핀 배터리에 대해서 자세히 설명하고 있다. 그래핀을 가공해 부드럽게 휘어지도록 만든 슈퍼커패시터가 핵심이며 이는 전기에너지를 빠르게 대량으로 저장하고 높은 전류를 신속하고 안정적으로 공급한다. 따라서 주제는 '부드럽게 휘어지는 그래핀 배터리'가 적절하다.

## 31

**정답 ④**

다음의 논리 순서를 따라 주어진 조건을 정리하면 쉽게 접근할 수 있다.

- 네 번째 조건 : 22일부터 26일 동안 워크숍이므로 4주차에는 어떠한 교육도 실시될 수 없다.
- 첫 번째 조건 : 주 1회 금연교육이 실시되어야 하는데 매주 월요일과 4주차에는 금연교육을 실시할 수 없으므로 매주 화요일에 금연교육을 한다.
- 두 번째, 세 번째 조건 : 화, 수, 목요일에 금주교육을 실시하는데 첫째 주에 성교육 2회를 연속해서 시행해야 하므로 3일에는 금주교육을, 4, 5일에는 성교육을 실시한다. 그리고 2주차, 3주차에 금주교육은 10일 또는 11일에 1회, 17일 또는 18일에 1회 실시해야 한다.

이 사실을 종합하여 주어진 조건을 달력에 표시하면 다음과 같다.

| 일 | 월 | 화 | 수 | 목 | 금 | 토 |
|---|---|---|---|---|---|---|
|  | 1 | 2 금연교육 | 3 금주교육 | 4 성교육 | 5 성교육 | 6 |
| 7 | 8 | 9 금연교육 | 10 (금주교육) | 11 (금주교육) | 12 | 13 |
| 14 | 15 | 16 금연교육 | 17 (금주교육) | 18 (금주교육) | 19 | 20 |
| 21 | 22 워크숍 | 23 워크숍 | 24 워크숍 | 25 워크숍 | 26 워크숍 | 27 |
| 28 | 29 | 30 금연교육 |  |  |  |  |

따라서 4월 30일에는 금연교육이 예정되어 있다.

**오답분석**

① 수요일에 금연교육을 시행할 경우, 수요일은 4번 밖에 없으므로 워크숍이 포함된 주를 제외하면 4회를 모두 시행할 수 없다.
② 금주교육은 반드시 같은 요일에 시행되어야 하는 것은 아니다.
③ 금주교육은 첫째 주부터 셋째 주 사이에 3회 모두 시행된다.
⑤ 성교육은 4일과 5일에 시행된다.

## 32

**정답 ③**

현재 동생의 나이를 $x$세라고 하면 형의 나이는 $(x+4)$세이다. 10년 후 아버지의 나이는 형의 나이와 동생의 나이 합의 2배가 되므로 $a+10=2\{(x+10)+(x+4+10)\} \rightarrow 4x=a-38$

$\therefore x=\dfrac{a-38}{4}$

## 33

**정답 ③**

두 번째 문단은 우울증의 긍정적인 면모인 보호 기제로서의 측면에 대한 내용을 다루고 있다. ⓒ은 지금의 경쟁사회가 정신적인 소진 상태를 초래하기 쉬운 환경이라는 내용이므로, 오늘날 우울증이 급격히 늘어나는 원인을 설명하고 있는 세 번째 문단의 마지막 문장 바로 앞에 들어가는 것이 더 적절하다.

**오답분석**

① 우울증과 창조성의 관계를 설명하면서 그 예시로 우울증을 갖고 있었던 위대한 인물들을 들고 있다. 따라서 천재와 우울증이 동전의 양면과 같으므로 인류 문명의 진보를 이끌었다고 볼 수 있다는 내용의 ⊙은 문단의 결론이므로 삭제할 필요가 없다.
② 문장의 주어가 '엄청난 에너지를 소모하는 것' 즉, 행위이므로 이 행위는 어떤 상태에 이르게 '만드는' 것이 되어야 문맥이 자연스럽다. 따라서 문장의 주어와 호응하는 것은 '이르게도 할 수 있다.'이다.
④ ⓔ을 기준으로 앞 문장은 새로운 조합을 만들어내는 창조성 있는 사람이 이익을 갖게 된다는 내용이고, 뒤 문장은 새로운 조합을 만들어내는 일이 많은 에너지를 요하는 어려운 일이라는 내용이다. 따라서 뒤 문장은 앞 문장의 결과라고 보기 어렵다.
⑤ 세 번째 문단 앞 부분의 내용에 따르면 경쟁사회에서 창조성 있는 사람이 이익을 얻는다. 따라서 ⓜ을 '억제하지만'으로 바꾸는 것은 어색하다.

## 34

**정답 ④**

이번 주 추가근무 일정을 요일별로 정리하면 다음과 같다.

| 월 | 화 | 수 | 목 | 금 | 토 | 일 |
|---|---|---|---|---|---|---|
| 김은선 (6) 민윤기 (2) | 김석진 (5) 김남준 (3) 정호석 (4) | 박지민 (3) 김태형 (6) | 최유화 (1) 박시혁 (1) | 유진실 (3) 정호석 (1) | 이영희 (4) 전정국 (6) | 박지민 (2) 김남준 (4) |

하루에 2명까지 추가근무를 할 수 있는데 화요일에 3명이 추가근무를 하므로, 화요일 추가근무자 중 한 명이 추가근무 일정을 수정해야 한다. 그 중에 김남준은 일주일 추가근무 시간이 7시간으로 최대 추가근무 시간인 6시간을 초과하였다. 따라서 김남준의 추가근무 일정을 수정하는 것이 적절하다.

## 35

**정답 ④**

6월 18일을 기준으로 40일 전은 5월 9일이다.
3월 1일에서 69일 후가 5월 9일이다.
$69\div7=9\cdots6$이므로, 최종 명단이 발표되는 날은 수요일이다.

## 36 정답 ④

A, B, C에 해당되는 청소 주기 6, 8, 9일의 최소공배수는 $2 \times 3 \times 4 \times 3 = 72$이다. 9월은 30일, 10월은 31일까지 있으므로 9월 10일에 청소를 하고 72일 이후인 11월 21일에 세 사람이 같이 청소하게 된다.

## 37 정답 ③

작년 남성 지원자 수를 $x$명, 여성 지원자 수를 $y$명이라고 하자.
작년 전체 지원자 수는 1,000명이므로 $x + y = 1,000 \cdots \bigcirc$
작년에 비하여 남성과 여성의 지원율이 각각 2%, 3%씩 증가하여 총 24명이 증가하였으므로

$$\frac{2}{100}x + \frac{3}{100}y = 24 \rightarrow 2x + 3y = 2,400 \cdots \bigcirc$$

$\bigcirc$과 $\bigcirc$을 연립하면 $x = 600$, $y = 400$이다.
따라서 올해 남성 지원자 수는 $600 \times (1 + 0.02) = 612$명이다.

## 38 정답 ③

A기계 1대와 B기계 1대가 한 시간에 담는 비타민제 통의 개수를 각각 $a$개, $b$개라 하자.
A기계 3대와 B기계 2대를 작동했을 때 담을 수 있는 비타민제는 1,600통이므로 $3a + 2b = 1,600 \cdots \bigcirc$
A기계 2대와 B기계 3대를 작동했을 때 담을 수 있는 비타민제는 1,500통이므로 $2a + 3b = 1,500 \cdots \bigcirc$
$\bigcirc \times 3 - \bigcirc \times 2$를 하면 $5a = 1,800 \rightarrow a = 360$
구한 $a$값을 $\bigcirc$식에 대입하면 $3 \times 360 + 2b = 1,600 \rightarrow b = 260$
$\therefore a + b = 360 + 260 = 620$

## 39 정답 ②

두 열차가 서로 만났을 때 이동한 거리의 합은 6km이다.
두 열차가 이동한 시간을 $x$시간이라고 하자.
KTX와 새마을호 속도의 비율은 7 : 5이므로 KTX와 새마을호가 이동한 거리는 각각 $7x$km, $5x$km이다.
$7x + 5x = 6 \rightarrow x = 0.5$
따라서 새마을호가 이동한 거리는 2.5km, KTX가 이동한 거리는 3.5km이다.

## 40 정답 ③

A는 월요일부터 시작하여 2일 간격으로 산책하고, B는 그 다음날인 화요일부터 3일마다 산책을 하므로 요일로 정리하면 다음 표와 같다.

| 월 | 화 | 수 | 목 | 금 | 토 | 일 |
|---|---|---|---|---|---|---|
| A |  | A |  | A |  | A |
|  | B |  |  | B |  |  |

따라서 A와 B가 처음 만나는 날은 같은 주 금요일이다.

## 41 정답 ②

제시된 자료를 이용해 원격훈련지원금 계산에 필요한 수치를 정리하면 다음과 같다.

| 구분 | 원격훈련 종류별 지원금 | 시간 | 수료인원 | 기업 규모별 지원 비율 |
|---|---|---|---|---|
| X기업 | 5,400원 | 6시간 | 7명 | 100% |
| Y기업 | 3,800원 | 3시간 | 4명 | 70% |
| Z기업 | 11,000원 | 4시간 | 6명 | 50% |

세 기업의 원격훈련지원금을 계산하면 다음과 같다.
• X기업 : $5,400 \times 6 \times 7 \times 1 = 226,800$원
• Y기업 : $3,800 \times 3 \times 4 \times 0.7 = 31,920$원
• Z기업 : $11,000 \times 4 \times 6 \times 0.5 = 132,000$원
따라서 올바르게 짝지어진 것은 ②이다.

## 42 정답 ②

조사 기간에 단 한 번도 0%를 기록하지 못한 곳은 '강원, 경남, 대전, 부산, 울산, 충남'으로 총 여섯 지역이다.

**오답분석**
① 광주가 7.37%로 가장 적다.
③ 자료를 통해 쉽게 확인할 수 있다.
④ 조사 기간 동안 가장 높은 유출 예산 비중을 기록한 지역은 2019년 수도권으로 비중은 23.71%이다.
⑤ 강원은 2021년에 2020년 대비 5.73%p로 가장 큰 폭으로 증가하였다.

## 43 정답 ③

2017년부터 2021년까지 유출된 예산 비중의 총합이 가장 큰 지역은 강원지역으로, 총합은 43.33%, 평균은 $\frac{43.33}{5} \fallingdotseq 8.7$%이다.

## 44 정답 ②

ㄱ. 자료를 통해 쉽게 확인할 수 있다.
ㄹ. 2017년 강원의 유출된 예산 비중은 21.90%로, 다른 모든 지역의 비중의 합인 18.11% 보다 높다.

**오답분석**
ㄴ. 지역별로 유출된 예산 비중의 총합이 가장 높은 연도는 2019년이다.
ㄷ. 2019년 유출된 예산 비중이 전년 대비 1%p 이상 오르지 못한 곳은 '경남, 광주, 대전' 총 세 지역이다.

## 45

정답 ②

• 산지에서 구매한 가격을 $a$원이라 하면

협동조합이 도매상에 판매한 가격 : $\left(1+\dfrac{20}{100}\right)\times a=1.2a$

• 도매상의 판매가를 $x$라 하면 $\dfrac{80}{100}x=1.2a \rightarrow x=1.5a$

소매상의 판매가 : $\left(1+\dfrac{20}{100}\right)\times 1.5a=1.8a$

따라서 협동조합의 최초 구매가격 대비 80% 상승했다.

## 46

정답 ②

뮤지컬을 관람할 동아리 회원 수를 $x$명이라고 하자.

$10,000x \geq 30\times 10,000\times\left(1-\dfrac{15}{100}\right)$

$\rightarrow x \geq 30\times\dfrac{85}{100}=25.5$

따라서 26명 이상이면 단체관람권을 사는 것이 개인관람권을 구매하는 것보다 유리하다.

## 47

정답 ③

시공업체 선정 기준에 따라 B, C업체는 최근 3년 이내 시공규모에서, A, E업체는 입찰가격에서 자격 미달이다.
점수 산정 기준에 따라 D업체와 F업체의 항목별 점수를 정리하면 다음과 같다.

| 업체 | 기술점수 | 친환경 점수 | 경영점수 | 합계 |
|---|---|---|---|---|
| D | 30 | 15 | 30 | 75 |
| F | 15 | 20 | 30 | 65 |

따라서 선정될 업체는 D이다.

## 48

정답 ③

변경된 시공업체 선정 기준에 따라 최근 3년 이내 시공규모를 충족하지 못한 B업체를 제외하고, 나머지 업체들의 항목별 점수를 정리하면 다음과 같다.

| 업체 | 기술 점수 | 친환경 점수 | 경영 점수 | 가격점수 | 합계 |
|---|---|---|---|---|---|
| A | 30 | 25 | 26 | 8×2=16 | 97 |
| C | 15 | 15 | 22 | 15×2=30 | 82 |
| D | 30 | 15 | 30 | 12×2=24 | 99 |
| E | 20 | 25 | 26 | 8×2=16 | 87 |
| F | 15 | 20 | 30 | 12×2=24 | 89 |

따라서 선정될 업체는 입찰점수가 99점으로 가장 높은 D이다.

## 49

정답 ①

| 생산량(개) | 0 | 1 | 2 | 3 | 4 | 5 |
|---|---|---|---|---|---|---|
| 총 판매수입 (만 원) | 0 | 7 | 14 | 21 | 28 | 35 |
| 총 생산비용 (만 원) | 5 | 9 | 12 | 17 | 24 | 33 |
| 이윤 (만 원) | −5 | −2 | +2 | +4 | +4 | +2 |

**오답분석**

ㄷ. 생산량을 4개에서 5개로 늘리면 이윤은 2만 원으로 감소한다.

ㄹ. 1개를 생산하면 −2만 원이지만, 생산하지 않을 때는 −5만 원이다.

## 50

정답 ①

조건에 따라 가중치를 적용한 각 후보 도서들의 점수를 나타내면 다음과 같다.

| 도서명 | 흥미도 점수 | 유익성 점수 | 1차 점수 | 2차 점수 |
|---|---|---|---|---|
| 재테크, 답은 있다 | 6×3 =18 | 8×2 =16 | 34 | 34 |
| 여행학개론 | 7×3 =21 | 6×2 =12 | 33 | 33+1 =34 |
| 부장님의 서랍 | 6×3 =18 | 7×2 =14 | 32 | − |
| IT혁명의 시작 | 5×3 =15 | 8×2 =16 | 31 | − |
| 경제정의론 | 4×3 =12 | 5×2 =10 | 22 | − |
| 건강제일주의 | 8×3 =24 | 5×2 =10 | 34 | 34 |

1차 점수가 높은 3권은 '재테크, 답은 있다', '여행학개론', '건강제일주의'이다. 이 중 '여행학개론'은 해외저자의 서적이므로 2차 선정에서 가점 1점을 받는다. 1차 선정된 도서 3권의 2차 점수가 34점으로 모두 동일하므로, 유익성 점수가 가장 낮은 '건강제일주의'가 탈락한다.
따라서 최종 선정될 도서는 '재테크, 답은 있다'와 '여행학개론'이다.

# 제2회 모의고사 정답 및 해설

| 01 | 02 | 03 | 04 | 05 | 06 | 07 | 08 | 09 | 10 |
|----|----|----|----|----|----|----|----|----|----|
| ⑤ | ① | ② | ③ | ④ | ① | ⑤ | ④ | ⑤ | ① |
| 11 | 12 | 13 | 14 | 15 | 16 | 17 | 18 | 19 | 20 |
| ④ | ⑤ | ⑤ | ② | ③ | ② | ⑤ | ⑤ | ① | ② |
| 21 | 22 | 23 | 24 | 25 | 26 | 27 | 28 | 29 | 30 |
| ② | ① | ③ | ① | ③ | ② | ③ | ④ | ⑤ | ⑤ |
| 31 | 32 | 33 | 34 | 35 | 36 | 37 | 38 | 39 | 40 |
| ③ | ③ | ⑤ | ⑤ | ⑤ | ④ | ③ | ③ | ④ | ⑤ |
| 41 | 42 | 43 | 44 | 45 | 46 | 47 | 48 | 49 | 50 |
| ④ | ⑤ | ④ | ① | ② | ① | ② | ⑤ | ④ | ② |

## 01
정답 ⑤

기사문을 살펴보면 최저임금 인상으로 인상에 따른 금액을 회사가 고스란히 부담을 떠맡은 상황에서 정부가 일자리 안정자금을 지원해주어 사업주의 부담을 덜 수 있다는 내용이다. 따라서 이러한 일자리 안정자금이 모든 기업의 해결책이 될 수 없다고 주장하는 ⑤가 비판의 내용으로 가장 적절하다.

**오답분석**
① 기사문은 소상공인에 대한 정부의 일자리 안정자금 지원에 관한 내용으로 일자리 안정자금 제도 자체에 대한 비판은 기사문에 대한 비판으로 적절하지 않다.
② · ③ · ④ 최저임금제도의 문제점에 대해 비판하고 있다.

## 02
정답 ①

14조 원을 들여 녹색 성장을 기획하는 이 사업은 4대강 사업이다. 마셜 계획은 미국이 유럽의 부흥을 위해 세웠던 계획이며, 평화의 댐 사업은 예기치 못한 홍수를 대비하기는 하지만 녹색 성장과는 관련이 없다. 세계디자인수도 사업은 디자인을 통해 경제와 문화를 발전시키겠다는 사업이다.

## 03
정답 ②

마지막 문장의 '표준화된 언어와 방언 둘 다의 가치를 인정'하고, '잘 가려서 사용할 줄 아는 능력을 길러야 한다.'는 내용을 바탕으로 ②와 같은 주제를 이끌어낼 수 있다.

## 04
정답 ③

'삼가하다'는 '삼가다'의 비표준어이며, '삼가-'를 어간으로 활용하여 사용해야 한다. 따라서 '삼가야 한다.'로 적절히 사용되었으므로 수정하지 않아도 된다.

## 05
정답 ④

상상력은 정해진 개념이나 목적이 없는 상황에서 그 개념이나 목적을 찾는 역할을 하고, 이때 주어진 목적지(개념)가 없으며, 반드시 성취해야 할 그 어떤 것도 없기 때문에 자유로운 유희다.

**오답분석**
① 제시문의 내용은 칸트 철학 내에서의 상상력이 어떤 조건에서 작동되며 또 어떤 역할을 하는지 기술하고 있으므로 상상력의 재발견이라는 주제는 적합하지 않다.
② 제시문에서는 상상력을 인식능력이라고 규정하는 부분을 찾을 수 없다.
③ 상상력은 주어진 개념이 없을 경우 새로운 개념들을 가능하게 산출하는 것이므로 목적 없는 활동이라고는 볼 수 없다.
⑤ 제시문에 기술된 만유인력의 법칙과 상대성 이론 등은 상상력의 자유로운 유희를 설명하기 위한 사례일 뿐이다.

## 06
정답 ①

품질에 대한 고객의 세 가지 욕구를 고객이 식당에 가는 상황이라는 구체적인 사례를 들어 독자의 이해를 돕고 있다.

## 07
정답 ⑤

현존하는 가장 오래된 실록은 전주의 사고에 보관되어 있던 것으로 이는 강화도 마니산에 봉안되었다가 1936년 병자호란에 의해 훼손된 것을 현종 때 보수하여 숙종 때 강화도 정족산에 다시 봉안했다. 현재는 서울대학교에 보존되어 있다.

**오답분석**
① 원본을 포함해 모두 5벌의 실록을 갖추게 되었으므로 재인쇄하였던 실록은 모두 4벌이다.
② 강원도 태백산에 보관하였던 실록은 서울대학교에 있다.

③ 현재 한반도에 남아 있는 실록은 강원도 태백산, 강화도 정족산, 김일성종합대학에 소장되어 있는 장서각의 것으로 모두 3 벌이다.
④ 적상산에 보관하였던 실록은 구황국 장서각으로 옮겨진 다음, 6·25전쟁 때 북으로 이동해 현재 김일성종합대학에 소장되어 있다.

## 08 정답 ④

'원형 차트'에 대한 설명이다.

**오답분석**

① 영역형 차트 : 시간에 따른 변화를 보여 주며 합계값을 추세와 함께 볼 수 있고, 각 값의 합계를 표시하여 전체에 대한 부분의 관계도 보여준다.
② 분산형 차트 : 가로·세로값 축이 있으며, 각 축의 값이 단일 데이터 요소로 결합되어 일정하지 않은 간격이나 그룹으로 표시된다. 과학, 통계 및 공학 데이터에 많이 이용된다.
③ 꺾은선형 차트 : 항목 데이터는 가로축을 따라 일정 간격으로 표시되고 모든 값 데이터는 세로축을 따라 표시된다. 월, 분기, 회계연도 등과 같은 일정 간격에 따라 데이터의 추세를 표시하는 데 유용하다.
⑤ 표면형 차트 : 두 데이터 집합 간의 최적 조합을 찾을 때 유용하며, 지형도에서 색과 무늬는 같은 값 범위에 있는 지역을 나타낸다. 또한 항목과 데이터 계열이 숫자 값일 때 이용가능하다.

## 09 정답 ⑤

ㄷ. [Alt]+[왼쪽 화살표]
ㄹ. 백스페이스

**오답분석**

ㄱ. [Alt]+[P] : 미리보기 창을 표시한다.
ㄴ. [Alt]+[오른쪽 화살표] : 다음 폴더를 본다.

## 10 정답 ①

청소년보호위원회는 부정했지만 동성애를 청소년에게 유해한 것으로 지정했다는 것을 알 수 있다.

## 11 정답 ④

S에너지월드는 토요일에 휴관하지 않는다.

## 12 정답 ⑤

12:00 ~ 13:00는 점심시간으로 전시관의 입장이 불가하다.

## 13 정답 ⑤

제시된 글에서는 우리 민족과 함께해 온 김치의 역사를 비롯하여 김치의 특징과 다양성 등을 함께 이야기하고 있으며, 복합 산업으로 발전하면서 규모가 성장하고 있는 김치 산업에 관해서도 이야기하고 있다. 따라서 글 전체의 내용을 아우를 수 있는 글의 제목으로 가장 적절한 것은 ⑤이다.

**오답분석**

①·④ 첫 번째 문단이나 두 번째 문단의 소제목은 될 수 있으나, 글 전체 내용을 나타내는 글의 제목으로는 적절하지 않다.
② 세 번째 문단에서 김치산업에 관한 내용을 언급하고 있지만, 이는 현재 김치산업의 시장 규모에 대한 내용일 뿐이므로 산업의 활성화 방안과는 거리가 멀다.
③ 첫 번째 문단에서 김장에 관한 내용을 언급하고 있으나 주요 내용이 아닌 김치를 소개하는 내용 중 하나이므로 적절하지 않다.

## 14 정답 ②

제시된 글에서는 저작권 소유자 중심의 저작권 논리를 비판하며 저작권의 의의를 가지려면 저작물이 사회적으로 공유되어야 한다고 주장하고 있다. 따라서 이 주장에 대한 비판으로 ②가 가장 적절하다.

## 15 정답 ③

**오답분석**

① '세종이 만든 28자는 세계에서 가장 훌륭한 알파벳'이라고 평가한 사람은 미국의 다이아몬드(J. Diamond) 교수이다.
② 한글이 표음문자인 것은 맞지만, 기본적으로 24개의 문자를 익혀야 학습할 수 있다.
④ 문자와 모양의 의미를 외워야 하는 것은 문자 하나하나가 의미를 나타내는 표의문자인 '한자'에 해당한다.
⑤ 한글이 세계 언어학계에 본격적으로 알려진 것은 1960년대이다.

## 16 정답 ②

㉠의 앞에는 동북아시아 지역에서 삼원법에 따른 다각도에서 그리는 화법이 통용되었다는 내용이, 뒤에는 우리나라의 민화는 그보다 더 자유로운 시각이라는 내용이 온다. 따라서 ㉠에는 전환 기능의 접속어 '그런데'가 들어가야 한다. ㉡의 앞에서는 기층민들이 생각을 자유분방하게 표현할 수 있는 사회적 여건의 성숙을 다루고, 뒤에서는 자기를 표현할 수 있는 경제적·신분적 근거가 확고하게 되었다는 내용을 서술하고 있으므로, ㉡에는 환언(앞말을 바꾸어 다시 설명함) 기능의 접속어 '즉'이 들어가야 한다.

## 17

두 번째 문단의 '민화의 화가들은 ~ 믿은 것이다.'를 통해 알 수 있다.

**오답분석**

① 두 번째 문단에서 '민화에 나타난 화법에 전혀 원리가 없다고 는 할 수 없다.'라고 하였으므로 일정한 화법이나 원리가 존재 하지 않는다는 설명은 옳지 않다.
② 민화의 화법이 서양의 입체파들이 사용하는 화법과 종종 비교 된다고 하였을 뿐, 입체파의 화법이 서민층의 성장을 배경으로 하고 있는지는 제시된 내용만으로는 알 수 없다.
③ 제시문에서는 화법이나 내용면에서 보이는 것을 '억압에서 벗 어나려는 해방의 염원'이라고 설명하고 있을 뿐, 이를 신분 상 승의 욕구라고 보기는 어렵다.
④ 삼원법은 다각도에서 보고 그리는 화법이며, 민화는 이보다 더 자유롭다고 하였다.

## 18

정답 ⑤

고전주의 범죄학에서는 인간의 모든 행위는 자유 의지에 입각한 합리적 판단에 따라 이루어지므로 범죄에 비례해 형벌을 부과할 경우 범죄가 억제될 수 있다고 주장한다. 따라서 이러한 주장에 대한 비판으로는 사회적 요인의 영향 등을 고려할 때 범죄는 개인 의 자유 의지로 통제할 수 없다는 내용의 ⑤가 가장 적절하다.

**오답분석**

②·③·④ 고전주의 범죄학의 입장에 해당한다.

## 19

정답 ①

배정하는 방 개수를 $x$개라 하고 신입사원 총인원에 대한 방정식을 세우면
$4x+12=6(x-2) \rightarrow 2x=24 \rightarrow x=12$
따라서 신입사원들이 배정받는 방은 12개이고, 신입사원은 총 60 명이다.

## 20

정답 ②

[A1:A2] 영역을 채운 뒤 아래로 드래그하면 '월요일 – 수요일 – 금요일 – 일요일 – 화요일' 순서로 입력된다.

## 21

정답 ②

창 나누기를 수행하면 셀 포인터의 왼쪽과 위쪽으로 창 구분선이 표시된다.

## 22

정답 ①

• 스포츠용품 소비 증가율 : $\dfrac{17,002-14,426}{14,426}\times100 ≒ 17.86\%$

• 시설이용료·강습비 증가율 : $\dfrac{29,195-28,680}{28,680}\times100 ≒ 1.80\%$

• 스포츠 관람료 증가율 : $\dfrac{342-171}{171}\times100 = 100\%$

따라서 2021년 증가율이 가장 큰 품목은 스포츠 관람료이고, 비용 차이는 342-171=171억 원이다.

## 23

정답 ③

• 2019년 스포츠용품 소비 : 23,090억 원
• 2019년 스포츠 관람료 : 1,230억 원
따라서 2019년 스포츠용품 소비 대비 스포츠 관람료 비율은
$\dfrac{1,230}{23,090}\times100 ≒ 5.33\%$이다.

## 24

정답 ①

ⅰ) 내일 비가 오고, 모레 비가 올 확률 : $\dfrac{1}{3}\times\dfrac{1}{4}=\dfrac{1}{12}$

ⅱ) 내일 비가 안 오고, 모레 비가 올 확률
 : $\left(1-\dfrac{1}{3}\right)\times\dfrac{1}{5}=\dfrac{2}{3}\times\dfrac{1}{5}=\dfrac{2}{15}$

∴ $\dfrac{1}{12}+\dfrac{2}{15}=\dfrac{13}{60}$

## 25

정답 ③

[Alt]+[Enter]는 하나의 셀에 두 줄 이상의 데이터를 입력할 때 사용한다.

## 26

정답 ②

ㄱ, ㄴ, ㄷ. 모두 [폴더옵션]의 [일반] 탭에서 설정 가능한 항목이다.

**오답분석**

ㄹ. 표준시간대 설정 : [제어판] – [시계 및 국가]에서 설정 가능 하다.

## 27

정답 ③

V지점의 정거장에서 하차한 승객을 $x$명, 승차한 승객을 $y$명이라 하면 $53-x+y=41 \rightarrow x-y=12 \cdots \bigcirc$
승차권 판매요금에 대한 방정식을 세우면
$1,050\times x+1,350\times y+1,450\times(53-x)=77,750$
$\rightarrow -8x+27y=18 \cdots \bigcirc$
$\bigcirc$과 $\bigcirc$을 연립하면 $x=18$, $y=6$
따라서 V지점의 정거장에서 하차한 승객은 18명이다.

## 28
정답 ④

본사부터 F사까지의 총 주행거리는 200km이고, 휘발유는 1분기에 1,500원이므로 유류비는 $200 \div 15 \times 1,500 = 20,000$원이다.

## 29
정답 ⑤

3분기에 경유는 리터당 2,000원에 공급되고 있으므로 10만 원의 예산으로 사용할 수 있는 연료량은 50L이다.
그러므로 006 차종의 총 주행가능거리는 $50 \times 25 = 1,250$km이다.

## 30
정답 ⑤

E주임이 1열 A석에 앉는다면 B대리는 1열 B석에 앉게 된다. 또한 G사원은 C대리가 앉은 2열보다 앞쪽에 앉아야 하므로 1열 C석에 앉게 되어 반드시 참인 설명이다.

**오답분석**

① E주임은 B대리의 옆 좌석에만 앉으면 되므로 B대리가 1열 B석에 앉으면 E주임은 1열 A석에도 앉을 수 있다.
② A과장이 3열 A석에 앉더라도 3열 B석에는 F주임이 아닌 D주임이 앉을 수도 있다.
③ 1열에는 B대리와 E주임이 이웃해 앉아야 하므로 G사원은 1열 B석에 앉을 수 없다. 따라서 F주임이 2열 B석에 앉게 되더라도 서로 이웃해 앉는 경우는 발생하지 않는다.
④ A과장이 3열 A석에 앉는다면, D주임과 F주임은 2열 B석과 3열 B석에 나누어 앉게 되므로 이웃해 앉게 된다.

## 31
정답 ③

• (가) : B > F
• (나) : E・F > G > D
• (다) : B는 처음이 아니다.
• (라) : D > A
• (마) : G > C
• (바) : A계약과 D계약은 떨어져 있다.
따라서 계약의 체결순서는 'E > B > F > G > D > C > A'이므로, 다섯 번째로 체결한 계약은 D이다.

## 32
정답 ③

2021년 방송산업 종사자 수는 모두 32,443명이다. '2021년 추세'에서는 지상파(지상파DMB 포함)만 언급하고 있으므로 다른 분야의 인원은 고정되어 있다. 지상파 방송사(지상파DMB 포함)는 전년보다 301명이 늘어났으므로 2020년 방송산업 종사자 수는 $32,443 - 301 = 32,142$명이다.

## 33
정답 ⑤

월별 전산업생산지수와 추이에서 2019년 3월에는 전산업생산지수가 100 이상으로 증가했다.

**오답분석**

① 연도별 전산업생산지수 추이에서 전산업생산지수는 지속적으로 증가하고 있다.
② 연도별 전산업생산지수 추이에서 전년비가 가장 큰 값은 2011년도이므로 옳은 해석이다.
③ 월별 전산업생산지수 추이에서 2019년 9월에는 2018년도 12월보다 약 5%p 감소하였다.
④ 월별 전산업생산지수와 전년 동월비 추이에서 2019년 2월 전산업생산지수값이 100 이하이므로 옳은 해석이다.

## 34
정답 ⑤

2015 ~ 2020년 평균 지진 발생 횟수는 $(42+52+56+93+49+44) \div 6 = 56$회이다. 2021년에 발생한 지진은 2015 ~ 2020년 평균 지진 발생 횟수에 비해 $492 \div 56 = 8.8$배 증가했으므로 옳은 설명이다.

**오답분석**

① 2019년부터 2년간 지진 횟수는 감소했다.
② 2018년의 지진 발생 횟수는 93회이고, 2017년의 지진 발생 횟수는 56회이다. 2018년에는 2017년보다 지진이 $93-56=37$회 더 발생했다.
③ 2021년에 일어난 규모 5.8의 지진이 2015년 이후 우리나라에서 발생한 지진 중 가장 강력한 규모이다.
④ 2015년보다 2017년에 지진 횟수는 증가했지만 최대 규모는 감소했다.

## 35
정답 ⑤

첫 번째 명제에서 A는 B보다 먼저 먹거나 A와 B는 같이 먹는 두 가지 경우가 가능하다.

i) A가 B보다 먼저 먹는 경우
C와 D는 세 번째 명제에 따라 각각 12시, 1시 팀이 되고, 마지막 명제에서 E는 F보다 먼저 먹으므로 E와 F도 각각 12시, 1시 팀이 될 것이다. 따라서 12시 팀은 A, C, E이고, 1시 팀은 B, D, F이다.

ii) A와 B가 같이 먹는 경우
– A와 B가 12시에 먹는 경우
C와 D는 각각 12시, 1시 팀이 되고, E와 F도 각각 12시, 1시 팀이 된다. 따라서 12시 팀은 A, B, C, E이고, 1시 팀은 D, F이다.
– A와 B가 1시에 먹는 경우
두 번째 명제에서 C는 A와 같이 먹으므로 C는 1시 팀, D는 12시 팀이 되고, E와 F는 각각 12시, 1시 팀이 된다. 따라서 12시 팀은 D, E이고, 1시 팀은 A, B, C, F이다.

## 36
정답 ④

2021년 9월 온라인쇼핑 거래액은 모든 상품군이 전년 동월보다 같거나 높다.

① 2021년 9월 온라인쇼핑 거래액은 7조 원으로 전년 동월 대비 $\dfrac{70,000-50,000}{50,000}\times100=40\%$ 증가했다.

② 2021년 9월 온라인쇼핑 거래액 중 모바일쇼핑 거래액은 4조 2,000억 원으로 전년 동월 대비 $\dfrac{42,000-30,000}{30,000}\times100=40\%$ 증가했다.

③ 2021년 9월 모바일쇼핑 거래액은 전체 온라인쇼핑 거래액의 $\dfrac{42,000}{70,000}\times100=60\%$를 차지한다.

⑤ 2021년 9월 온라인쇼핑 대비 모바일쇼핑 거래액의 비중이 가장 작은 상품군은 $\dfrac{10}{50}\times100=20\%$로 소프트웨어이다.

## 37
정답 ③

지출액이 전년 대비 증가하지 않은 해가 있는 분야는 SOC, 산업·중소기업, 통일·외교, 공공질서·안전, 기타 분야의 총 5개 분야가 해당한다.

① 2017년 약 30%, 2019년은 약 31%의 비중을 차지한다.

② 2018년의 전년 대비 증가율은 $\dfrac{27.6-24.5}{24.5}\times100≒12.7\%$ 이고, 2021년의 증가율은 $\dfrac{35.7-31.4}{31.4}\times100≒13.7\%$이다.

④ 2017년에는 기타 분야의 지출이 더 높았다.

⑤ SOC, 산업·중소기업, 환경, 기타 분야 총 4개 분야가 해당한다.

## 38
정답 ③

• 사회복지·보건 분야의 증감률 : $\dfrac{61.4-56.0}{56.0}\times100≒9.6\%$

• 공공질서·안전 분야의 증감률 : $\dfrac{10.9-11.0}{11.0}\times100≒-0.9\%$

따라서 두 분야의 증감률 차이는 9.6-(-0.9)=10.5%p이다.

## 39
정답 ④

역과의 거리 조건과 주차장 무료할당 유무에서 E아파트가 제외되며, 방 수 조건에서 B아파트가 제외된다. 나머지 아파트 중 30평 이상인 곳은 A, D아파트이지만, 다섯 번째 조건에서 후보 아파트 중 최고가격인 B아파트 가격의 80%인 8억 1,600만 원 미만인 24평 C아파트도 A, D아파트와 같이 조건을 충족한다. 마지막 조건에서 A, C, D아파트 중 옥상정원이 있는 아파트는 D뿐이다. 따라서 김 대리가 조건에 따라 선택할 아파트는 D이다.

## 40
정답 ⑤

헬스장 유무에 따라 A아파트가 제외된다. 층수가 10층 이상이 아닌 C아파트도 제외된다. 나머지 B, D, E아파트는 모두 25평 이상의 아파트이며, 방이 3개인 아파트는 D와 E이다. D와 E 중 가격이 저렴한 곳은 E아파트이므로 김 대리와 아내가 선택할 아파트는 E이다.

## 41
정답 ④

• 과정 1 : $(9+8+9+2+5+7)\times1+(7+8+9+3+7+8)\times3$
$=166$
• 과정 2 : $166÷10=16\cdots6\leftarrow$ 나머지
• 과정 3 : $6÷2=3$

## 42
정답 ⑤

조건을 분석하면 다음과 같다.

첫 번째 조건에 의해 ㉠~㉣ 국가 중 연도별로 8위를 두 번 한 두 나라는 ㉠과 ㉣이므로 둘 중 한 곳이 한국, 나머지 하나가 캐나다임을 알 수 있다.

두 번째 조건에 의해 2020년 대비 2021년의 이산화탄소 배출량 증가율은 ㉡과 ㉢이 각각 $\dfrac{556-535}{535}\times100≒3.93\%$와 $\dfrac{507-471}{471}\times100≒7.64\%$이므로 ㉢은 사우디가 되며, 따라서 ㉡은 이란이 된다.

세 번째 조건에 의해 이란의 수치는 고정값으로 놓고 2019년을 기점으로 ㉠이 ㉣보다 배출량이 커지고 있으므로 ㉠이 한국, ㉣이 캐나다임을 알 수 있다.

따라서 ㉠~㉣은 순서대로 한국, 이란, 사우디, 캐나다이다.

## 43
정답 ④

• (가) : $\dfrac{2,574}{7,800}\times100=33$

• (다) : $1,149\times0.335≒385$

## 44
정답 ①

비사업용 자동차에 사용할 수 있는 문자기호는 'ㅏ, ㅓ, ㅗ, ㅜ'뿐이다. 따라서 '겨'가 포함되어 있는 ①은 옳지 않다.

## 45 정답 ②

'84배 7895'는 사업용 택배 화물차량이다.

**오답분석**

①·③·④·⑤는 개인용 화물차량이다.

## 46 정답 ①

소형버스인 RT코드를 모두 찾으면 아래와 같다.
RT – 25 – KOR – 18 – 0803, RT – 16 – DEU – 23 – 1501,
RT – 25 – DEU – 12 – 0904, RT – 23 – KOR – 07 – 0628,
RT – 16 – USA – 09 – 0712
소형버스는 총 5대이며, 이 중 독일에서 생산된 것은 2대이다. 따라서 소형버스 전체의 40%를 차지하므로 ①은 옳지 않다.

## 47 정답 ②

입찰점수를 계산하여 중간 선정 결과를 나타내면 다음과 같다.

| 업체 | 입찰점수 |
|---|---|
| A | 9+7+4=20점 |
| B | 6+8+6+4(∵ 가점)=24점 |
| C | 입찰가격에서 탈락 |
| D | 6+6+4+2(∵ 가점)=18점 |
| E | 7+5+2=14점 |
| F | 7+6+7+2(∵ 가점)=22점 |

중간 선정된 A, B, F 중 안전점수와 디자인점수의 합이 가장 높은 업체는 B이다.

## 48 정답 ⑤

가격점수를 추가로 합산하여 최종 입찰점수를 계산하면 아래와 같다.

| 구분<br>업체 | 기존<br>입찰점수 | 가격점수 | 최종<br>입찰점수 |
|---|---|---|---|
| A | 20점 | 4점 | 24점 |
| B | 24점 | 6점 | 30점 |
| C | 19점 | 2점 | 21점 |
| D | 18점 | 8점 | 26점 |
| E | 14점 | 6점 | 20점 |
| F | 22점 | 10점 | 32점 |

따라서 최종 입찰점수가 가장 높은 업체는 F이다.

## 49 정답 ④

WT전략은 외부 환경의 위협 요인을 회피하고 약점을 보완하는 전략을 적용해야 한다. ④는 강점인 'S'를 강화하는 전략에 대한 내용이다.

**오답분석**

① SO전략은 외부의 기회를 활용하면서 강점을 더욱 강화시키는 전략이므로 옳다.
② WO전략은 외부의 기회를 활용해 약점을 보완하는 전략이므로 옳다.
③ ST전략은 외부 환경의 위협을 회피하며 강점을 적극 활용하는 전략이므로 옳다.
⑤ WT전략은 외부 환경의 위협을 회피하고 약점을 보완하는 전략이므로 옳다.

## 50 정답 ②

주어진 문제에 대해서 계속해서 원인을 물어 가장 근본이 되는 원인을 찾는 5Why의 사고법을 활용하여 푸는 문제이다. 주어진 내용을 토대로 인과 관계를 고려하여 나열하면 신입사원이 결혼을 못하는 원인은 배우자를 만날 시간이 없어서이며, 이는 매일 늦게 퇴근하기 때문이다. 또한 늦게 퇴근하는 원인은 업무를 제때 마치지 못해서이고, 이는 신입사원이어서 업무에 대해 잘 모르기 때문이다. 따라서 해결방안으로 업무에 대한 OJT나 업무 매뉴얼을 활용하여 업무시간을 줄이도록 할 수 있다.

| 01 | 02 | 03 | 04 | 05 | 06 | 07 | 08 | 09 | 10 |
|----|----|----|----|----|----|----|----|----|----|
| ③ | ⑤ | ③ | ② | ② | ④ | ② | ④ | ⑤ | ② |
| 11 | 12 | 13 | 14 | 15 | 16 | 17 | 18 | 19 | 20 |
| ④ | ④ | ③ | ③ | ⑤ | ④ | ③ | ② | ④ | ② |
| 21 | 22 | 23 | 24 | 25 | 26 | 27 | 28 | 29 | 30 |
| ② | ② | ④ | ⑤ | ⑤ | ② | ④ | ③ | ② | ④ |
| 31 | 32 | 33 | 34 | 35 | 36 | 37 | 38 | 39 | 40 |
| ② | ② | ⑤ | ② | ② | ① | ② | ① | ① | ① |
| 41 | 42 | 43 | 44 | 45 | 46 | 47 | 48 | 49 | 50 |
| ② | ② | ④ | ① | ② | ③ | ② | ③ | ⑤ | ③ |

## 01
정답 ③

(C) 문단에서 보건복지부와 국립암센터에서 국민 암 예방 수칙의 하나를 '하루 한두 잔의 소량 음주도 피하기'로 개정하였으며, 뉴질랜드 연구진의 연구에 따르면 '소량에서 적당량의 알코올 섭취도 몸에 상당한 부담으로 작용한다.'고 하였으므로 '가벼운 음주라도 몸에 위험하다.'는 결과를 끌어낼 수 있다. 따라서 가벼운 음주, 대사 촉진에 도움이 된다는 말은 적절하지 않다.

## 02
정답 ⑤

보기의 문장은 관심사가 하나뿐인 사람을 1차원 그래프로 표시할 수 있다는 내용이다. 이는 제시문의 1차원적 인간에 대한 구체적인 예시에 해당하므로 ⑩에 들어가는 것이 가장 적절하다.

## 03
정답 ③

제시된 글은 또 다른 물의 재해인 '지진'의 피해에 대해 설명하는 글로, 두 번째 문단과 세 번째 문단은 '지진'의 피해에 대한 구체적인 사례를 제시하고 있다. 따라서 제목으로 가장 적절한 것은 ③ 강력한 물의 재해 '지진'이다.

## 04
정답 ②

12월 8일 12시(정오)까지 인터넷뱅킹을 통한 대출 신청·실행·연기가 중지된다고 설명되어 있다. 그러나 은행에 방문하여 창구를 이용한 대출 신청에 대해 별다른 언급이 없으므로, 12월 5일 (수) 중단일 이후 은행 영업일이라면 이용 가능하다고 볼 수 있다.

① 12월 8일 정오까지 지방세 처리 ARS 업무가 중단된다고 안내하고 있다.
③ 고객센터 전화를 통한 카드·통장 분실 신고(해외 포함) 등과 같은 사고 신고는 정상 이용이 가능하다고 안내하고 있다.
④ 타 은행 ATM, 제휴CD기에서 A은행으로의 계좌 거래는 제한서비스로 분류된다고 안내하고 있다.
⑤ 현금을 인출하는 거래는 제한되고, 신용카드는 물품의 구매가 가능하다고 설명하고 있으므로 올바르게 이해한 내용이다.

## 05
정답 ②

밑줄 친 부분, 즉 '여성에 대한 부정적 고정관념'에 대한 설명이 아닌 '미꾸라지 한 마리가 온 물을 흐린다.'는 속담은 '못된 사람 하나가 그 집단을 다 망친다.'는 뜻이다.

① 암탉이 울면 집안이 망한다 : 가정에서 아내가 남편을 제쳐 놓고 떠들고 간섭하면 집안일이 잘 안 된다.
③ 여자는 제 고을 장날을 몰라야 팔자가 좋다 : 여자는 집 안에서 살림이나 하고 사는 것이 가장 행복한 것이다.
④ 여편네 팔자는 뒤웅박 팔자라 : 여자의 운명은 남편에게 매인 것이나 다름없다.
⑤ 여자가 셋이면 나무 접시가 들논다 : 여자가 많이 모이면 말이 많고 떠들썩하다.

## 06
정답 ④

쥐와 비교해서 인간의 경우를 제시하고 있으므로 또 다른 예를 들고자 글의 내용을 환기시키는 접속어인 '그러면'이 적절하다.

## 07
정답 ②

[Ctrl]+[Home] : 워크시트의 시작 부분으로 이동한다.

## 08
정답 ④

(적어도 1개는 하얀 공을 꺼낼 확률)
=1－(모두 빨간 공을 꺼낼 확률)

• 전체 공의 개수 : 4+6=10

• 2개의 공 모두 빨간 공을 꺼낼 확률 : $\dfrac{_4C_2}{_{10}C_2}=\dfrac{2}{15}$

∴ 적어도 1개는 하얀 공을 꺼낼 확률 : $1-\dfrac{2}{15}=\dfrac{13}{15}$

## 09
정답 ⑤

• 1년=12개월=52주 동안 렌즈 교체(=구매) 횟수
  - A : 12÷1=12번을 구매해야 한다.
  - B : 서비스가 1+1으로 한 번에 4달 치의 렌즈를 구매할 수 있으므로 12÷4=3번을 구매해야 한다.
  - C : 3월, 7월, 11월은 1+2의 서비스로 1월, 2월, 3월(4, 5월), 6월, 7월(8, 9월), 10월, 11월(12월) 총 7번을 구매해야 한다.
  - D : 착용기한이 1주이므로 1년에 총 52번을 구매해야 한다.
  - E : 서비스가 1+2으로 한 번에 6달 치의 렌즈를 구매할 수 있으므로 12÷6=2번을 구매해야 한다.
• (최종 가격)=(가격)×(횟수)
  - A : 30,000×12=360,000원
  - B : 45,000×3=135,000원
  - C : 20,000×7=140,000원
  - D : 5,000×52=260,000원
  - E : 65,000×2=130,000원

따라서 1년간 가장 적은 비용으로 사용할 수 있는 렌즈는 E이다.

## 10
정답 ②

현재 철수의 나이를 $x$세라고 하자.
철수와 아버지의 나이 차는 25세이므로 아버지의 나이는 $(x+25)$세이다. 3년 후 아버지의 나이가 철수 나이의 2배가 되므로
$2(x+3)=(x+25)+3$
∴ $x=22$

## 11
정답 ④

i ) (나), (바) 조건에 의해, 지원은 화요일과 목요일에는 근무할 수 없다. 또한 기태는 월요일에 근무할 수 없다. 조건에 의해 기태는 목요일에 근무하게 된다.

ii ) (다), (라), (사) 조건에 의해, 다래, 고은은 월요일에는 근무할 수 없고, 리화는 월요일과 화요일에 근무할 수 없다. 따라서 월요일에는 여자 사원 중 나영이 반드시 근무해야 한다.

iii ) (마) 조건에 의해, 남호는 월요일에 근무할 수 없다. 따라서 월요일에 근무할 수 있는 남자 사원은 동수와 지원이다.

② · ④ 고은이 화요일에 근무하게 될 경우 다래는 수요일 혹은 목요일에 근무할 수 있다. 다래가 수요일에 근무할 경우, 목요일에는 리화가 근무하게 된다. (다) 조건에 의해 동수가 화요일에 근무하게 되므로 남호는 수요일에, 지원은 월요일에 근무하게 된다.

**오답분석**

① 고은이 수요일에 근무한다면, (사) 조건에 의해 리화는 목요일에 근무하게 된다. 따라서 기태와 리화는 함께 근무하게 된다.

③ 리화가 수요일에 근무하게 되면 고은은 화요일에 근무하게 되고 다래는 목요일에 근무하게 된다. 따라서 동수는 수요일에 근무하게 된다. 이때 (바) 조건에 의해 지원은 월요일에 근무하게 되므로 남호는 화요일에 근무하게 된다.

⑤ 지원이 수요일에 근무하게 되면 (마) 조건에 의해 남호는 화요일, 동수는 월요일에 근무하게 된다. 그러면 (다) 조건에 의해 다래는 화요일, (사) 조건에 의해 고은이는 수요일, 리화는 목요일에 근무하게 된다.

## 12
정답 ④

2021년 은행별 민원 건수 감축률을 구하면 다음과 같다.
• A은행 : $(1,009-1,170)÷1,170×100≒-13.8\%$
• B은행 : $(1,332-1,695)÷1,695×100≒-21.4\%$
• C은행 : $(950-980)÷980×100≒-3.1\%$
• D은행 : $(1,078-1,530)÷1,530×100≒-29.5\%$

따라서 'D → B → A → C' 순서로 우수하다.

**오답분석**

① 2021년에 모든 은행의 민원 건수가 2020년 대비 감소한 것을 확인할 수 있다.

② C은행의 2021년 금융민원 건수는 950건으로 가장 적지만, 전년 대비 $(950-980)÷980×100≒-3.1\%$로 가장 낮은 수준의 감축률을 달성하였다.

③ 각 은행의 고객 수는 '(전체 민원 건수)÷(고객 십만 명당 민원 건수)×(십만 명)'으로 구할 수 있다. B은행이 약 29,865,471명으로 가장 많으며, 2021년 금융민원 건수도 1,332건으로 가장 많다.

⑤ D은행은 총 민원 건수가 452건 감소하여 가장 많이 감소하였다.

## 13
정답 ③

임원용 보고서 1부의 가격은 $(85×300)+(2×2,000)$(플라스틱 커버 앞 / 뒤)$+2,000$(스프링 제본)$=31,500$원이다. 이때, 총 10부가 필요하므로 315,000원이다.

직원용 보고서 1부의 가격은 84(표지 제외)÷2(2쪽씩 모아 찍기)÷2(양면 인쇄)=21페이지이므로 $(21×70)+100$(집게 두 개)+300(표지)$=1,870$원이다. 이때 총 20부가 필요하므로 37,400원이다.

## 14
정답 ③

L씨가 150만 원을 위안화로 환전한 날은 1월 4일이다. 1월 4일 기준 현찰 구매 환율은 172.11원/¥이므로 150만 원을 위안화로 환전한 금액은 $1{,}500{,}000 \div 172.11 \fallingdotseq 8{,}715.36 \rightarrow 8{,}715\yen$ 이다 (∵ 위안화 환전 시 소수점 절사). L씨가 출장기간 동안 7,800¥을 사용했으므로 남은 출장 여비는 위안화로 $8{,}715 - 7{,}800 = 915\yen$ 이다. L씨가 915¥을 환전한 날은 2월 6일이고, 2월 6일 기준 현찰 매매 환율은 164.27원/¥이다.

따라서 915¥을 원화로 환전한 금액은 $915 \times 164.27 = 150{,}307.05 \rightarrow 150{,}300$원이다(∵ 원화 환전 시 원단위 절사).

## 15
정답 ⑤

마지막 조건에 의해, 대리는 1주 차에 휴가를 갈 수 없다. 따라서 2~5주 차, 즉 4주 동안 대리 2명이 휴가를 다녀와야 한다. 두 번째 조건에 의해, 한 명은 2~3주 차, 다른 한 명은 4~5주 차에 휴가를 간다. 그러므로 대리는 3주 차에 휴가를 출발할 수 없다.

**오답분석**

①·③

| 1주 차 | 2주 차 | 3주 차 | 4주 차 | 5주 차 |
|--------|--------|--------|--------|--------|
|        | 사원1  | 사원1  | 사원2  | 사원2  |
|        | 대리1  | 대리1  | 대리2  | 대리2  |
|        | 과장   | 과장   | 부장   | 부장   |

②

| 1주 차 | 2주 차 | 3주 차 | 4주 차 | 5주 차 |
|--------|--------|--------|--------|--------|
| 사원1  | 사원1  |        | 사원2  | 사원2  |
|        | 대리1  | 대리1  | 대리2  | 대리2  |
| 과장   | 과장   |        | 부장   | 부장   |

④

| 1주 차 | 2주 차 | 3주 차 | 4주 차 | 5주 차 |
|--------|--------|--------|--------|--------|
| 사원1  | 사원1  | 사원2  | 사원2  |        |
|        | 대리1  | 대리1  | 대리2  | 대리2  |
| 과장   | 과장   | 부장   | 부장   |        |

## 16
정답 ④

주어진 조건에 의하여 모델 S의 연비는 $\dfrac{a}{3} = \dfrac{b}{5} \cdots \bigcirc$,

모델 E의 연비는 $\dfrac{c}{3} = \dfrac{d}{5} \rightarrow d = \dfrac{5}{3}c \cdots \bigcirc$이다.

3L로 테스트했을 때, 두 모델의 주행거리 합은 48km이므로 $a + c = 48 \cdots \bigcirc$

모델 E가 달린 주행거리의 합은 56km이므로 $c + d = 56 \cdots \bigcirc$

ⓛ과 ⓔ을 연립하면 $c + \dfrac{5}{3}c = 56 \rightarrow c = 21$

$c$를 ⓒ에 대입하면 $a + 21 = 48 \rightarrow a = 27$

즉, 모델 S의 연비는 $\dfrac{27}{3} = 9$이고 모델 E의 연비는 $\dfrac{21}{3} = 7$이다.

따라서 두 자동차 연비의 곱은 $9 \times 7 = 63$이다.

## 17
정답 ③

'최고의 진리는 언어 이전, 혹은 언어 이후의 무언(無言)의 진리이다.', '동양 사상의 정수(精髓)는 말로써 말이 필요 없는 경지'라고 한 부분을 보았을 때 동양 사상은 언어적 지식을 초월하는 진리를 추구한다는 것이 지문의 핵심내용이다.

## 18
정답 ②

두 번째 문단의 '시장경제가 제대로 운영되기 위해서는 국가의 소임이 중요하다.'라고 한 부분과 세 번째 문단의 '시장경제에서 국가가 할 일은 크게 세 가지로 나누어 볼 수 있다.'라고 한 부분에서 '시장경제에서의 국가의 역할'이라는 제목을 유추할 수 있다.

## 19
정답 ④

자원활용계획을 수립할 때는 자원의 희소성이 아닌 자원이 투입되는 활동의 우선순위를 고려하여 자원을 할당해야 한다.

**자원관리의 4단계 과정**
- 필요한 자원의 종류와 양 확인 : '어떠한' 자원이 '얼마큼' 필요한지 파악하는 단계로, 일반적으로 '시간, 예산, 물적자원, 인적자원'으로 구분하여 파악한다.
- 이용 가능한 자원의 수집과 확보 : 필요한 양보다 조금 더 여유 있게 최대한으로 자원을 확보한다.
- 자원활용계획 수립 : 자원이 투입되는 활동의 우선순위를 고려하여 자원을 할당하고 활용계획을 수립한다.
- 계획에 따른 수행 : 계획을 수립한 대로 업무를 추진한다.

## 20
정답 ②

명랑한 사람은 마라톤을 좋아하고, 마라톤을 좋아하는 사람은 인내심이 있다. 그리고 몸무게가 무거운 사람은 체력이 좋다. 따라서 명랑한 사람은 인내심이 있다.

## 21
정답 ②

명훈이와 우진이가 같이 시계를 만드는 시간을 $x$시간이라고 하자.

명훈이와 우진이가 1시간 동안 만드는 시계는 각각 전체의 $\dfrac{1}{30}$, $\dfrac{1}{20}$이므로,

$$\dfrac{1}{30} \times 3 + \dfrac{1}{20} \times 5 + \left(\dfrac{1}{30} + \dfrac{1}{20}\right)x = 1 \rightarrow \dfrac{1}{12}x = \dfrac{13}{20}$$

$$\therefore x = \dfrac{39}{5}$$

안심Touch

## 22

정답 ②

- 본부에서 36개월 동안 연구원으로 근무 → $0.03 \times 36 = 1.08$점
- 지역본부에서 24개월 근무 → $0.015 \times 24 = 0.36$점
- 특수지에서 12개월 동안 파견근무(지역본부 근무경력과 중복되어 절반만 인정) → $0.02 \times 12 \div 2 = 0.12$점
- 본부로 복귀 후 현재까지 총 23개월 근무 → $0.03 \times 23 = 0.69$점
- 현재 팀장(과장) 업무 수행 중
  - 내부평가결과 최상위 10% 총 12회 → $0.012 \times 12 = 0.144$점
  - 내부평가결과 차상위 10% 총 6회 → $0.01 \times 6 = 0.06$점
  - 금상 2회, 은상 1회, 동상 1회 수상
    → $(0.25 \times 2) + (0.15 \times 1) + (0.1 \times 1) = 0.75$점 → $0.5$
    (∵ 인정범위)
  - 시행결과평가 탁월 2회, 우수 1회
    → $(0.25 \times 2) + (0.15 \times 1) = 0.65$점 → $0.5$(∵ 인정범위)

따라서 K과장의 가점은 $1.08 + 0.36 + 0.12 + 0.69 + 0.144 + 0.06 + 0.5 + 0.5 = 3.454$점이다.

## 23

정답 ④

컴퓨터로 야간작업을 할 때는 실내 전체 조명은 어둡게 하고 부분 조명을 사용하면 서로 다른 빛방향으로 시력이 증진되므로 눈 건강을 위한 행동으로 적절하다.

## 24

정답 ⑤

나이가 들수록 퇴화하는 망막 세포의 손상을 막아 주는 것은 망막의 구성 성분인 오메가3이다. 루틴은 눈 건강을 위한 항염 작용에 도움이 된다.

## 25

정답 ⑤

각 경우에 따른 내년 판매 목표액의 달성 확률은 다음과 같다.

- 내년 여름의 평균 기온이 예년보다 높을 때
  : $0.5 \times 0.85 = 0.425$
- 내년 여름의 평균 기온이 예년과 비슷할 때
  : $0.3 \times 0.6 = 0.18$
- 내년 여름의 평균 기온이 예년보다 낮을 때
  : $0.2 \times 0.2 = 0.04$

따라서 B회사가 내년에 판매 목표액을 달성할 확률은 $0.425 + 0.18 + 0.04 = 0.645$이다.

## 26

정답 ②

제시문은 '예술 작품에 대한 감상과 판단'에 대해서 첫째 문단에서는 '어떤 사람의 감상이나 판단은 다른 사람들보다 더 좋거나 나쁠 수도 있지 않을까? 혹은 덜 발달되었을 수도, 더 세련되었을 수도 있지 않을까?'라는 의문을, 셋째 문단에서는 '예술 비평가들의 판단이나 식별이 올바르다는 것은 어떻게 알 수 있는가?'라는 의문을, 마지막 문단에서는 '자격을 갖춘 비평가들, 심지어는 최고의

비평가들에게서조차 의견의 불일치가 생겨나는 것'에 대한 의문을 제기하면서 이에 대해 흄의 견해에 근거하여 순차적으로 답변하며 글을 전개하고 있다.

## 27

정답 ④

돈키호테에 나오는 일화에 등장하는 두 명의 전문가는 둘 다 포도주의 맛이 이상하다고 하였는데 한 사람은 쇠 맛이 살짝 난다고 했고, 또 다른 사람은 가죽 맛이 향을 망쳤다고 했다. 이렇게 포도주 이상한 맛에 대한 원인을 다르게 판단한 것은 비평가들 사이에서 비평의 불일치가 생겨난 것에 해당한다고 볼 수 있다.

## 28

정답 ③

제시문은 우유니 사막의 위치와 형성, 특징 등 우유니 사막의 자연지리적 특징에 관한 글이다.

## 29

정답 ②

제시문에서 '시장집중률은 시장 내 일정 수의 상위 기업들이 차지하는 비중을 나타내 주는 수치, 즉 일정 수의 상위 기업의 시장점유율을 합한 값이다.'라는 개념을 제시하고 있다. 그리고 이를 통해 시장 구조를 구분하고, 시장 내의 공급이 기업에 집중되는 양상을 파악할 수 있다는 의의를 밝히고 있다.

## 30

정답 ④

글의 첫 문단에서 위계화의 개념을 설명하고, 이러한 불평등의 원인과 구조에 대해 살펴보고 있다.

## 31

정답 ②

음식점까지의 거리를 $x$ km라 하면 역과 음식점을 왕복하는 데 걸리는 시간과 음식을 포장하는 데 걸리는 시간이 1시간 30분 이내여야 하므로

$$\frac{x}{3} + \frac{15}{60} + \frac{x}{3} < \frac{3}{2} \rightarrow 20x + 15 + 20x < 90$$

$$\rightarrow 40x < 75 \rightarrow x < \frac{75}{40} = 1.875$$

즉, 역과 음식점 사이 거리는 1.875km 이내여야 하므로 갈 수 있는 음식점은 'B도시락'과 'N햄버거'이다. 따라서 K사원이 구입할 수 있는 음식은 도시락과 햄버거이다.

## 32

정답 ③

2021년 말 기준으로 가맹점 수는 52개점이다. 2021년도에 11개점이 개업을 하고 5개점이 폐업을 하였으므로 2020년 말 가맹점 수는 $52 - (11 - 5) = 46$개점이다. 이러한 방식으로 계산하면 다음과 같다.

| 2020년 말 | 2019년 말 | 2018년 말 | 2017년 말 | 2016년 말 |
|---|---|---|---|---|
| 52−<br>(11−5)<br>=46개점 | 46−<br>(1−6)<br>=51개점 | 51−<br>(0−7)<br>=58개점 | 58−<br>(5−0)<br>=53개점 | 53−<br>(1−2)<br>=54개점 |

따라서 가장 많은 가맹점을 보유하고 있었던 시기는 58개점인 2018년 말이다.

## 33 정답 ⑤

모든 조건을 고려해보면 다음과 같은 경우가 나온다.

| 경우 \ 우세 | B | C |
|---|---|---|
| 1 | D, F | E, F |
| 2 | E, F | D, F |

ㄴ, ㄷ. 위의 표를 보면 쉽게 알 수 있다.

**오답분석**

ㄱ. 위의 표를 보면 C는 E에게 우세할 수도 있지만 열세일 수도 있다.

## 34 정답 ②

처음 참석한 사람의 수를 $x$명이라 하면

ⅰ) $8x < 17 \times 10 \rightarrow x < \dfrac{170}{8} = 21.25$

ⅱ) $9x > 17 \times 10 \rightarrow x > \dfrac{170}{9} ≒ 18.9$

ⅲ) $8(x+9) < 10 \times (17+6) \rightarrow x < \dfrac{230}{8} - 9 = 19.75$

세 식을 모두 만족해야 하므로 처음의 참석자 수는 19명이다.

## 35 정답 ②

뉴질랜드 무역수지는 8월에서 10월까지 증가했다가 11월에 감소한 후 12월에 다시 증가했다.

**오답분석**

① 한국의 무역수지가 전월 대비 증가한 달은 9월, 10월, 11월이며 증가량이 가장 많았던 달은 45,309−41,983=3,326백만 USD인 11월이다.

③ 그리스의 12월 무역수지는 2,426백만 USD이며 11월 무역수지는 2,409백만 USD이므로, 12월 무역수지의 전월 대비 증가율은 $\dfrac{2,426-2,409}{2,409} \times 100 ≒ 0.7\%$이다.

④ 10월부터 12월 사이 한국의 무역수지는 '증가 → 감소'의 추이이다. 이와 같은 양상을 보이는 나라는 독일과 미국으로 2개국이다.

⑤ 자료를 통해 쉽게 알 수 있다.

## 36 정답 ①

처음 소금물의 양을 $x$g이라고 하면

$$\frac{A}{100} x = \frac{4}{100}(x+200) \rightarrow Ax = 4x + 800$$

$$\therefore x = \frac{800}{A-4}$$

## 37 정답 ②

• 오늘 전액을 송금할 경우 원화기준 숙박비용
  13,000×2×(1−0.1)×1,120÷100=262,080원

• 한 달 뒤 전액을 현찰로 지불할 경우 원화기준 숙박비용
  13,000×2×1,010÷100=262,600원

따라서 오늘 전액을 송금하는 것이 520원 더 저렴하다.

## 38 정답 ①

E모델은 데이터가 없는 휴대폰이므로 E모델을 제외한 각 모델의 휴대폰 결정 계수를 구하면 다음과 같다.

• A모델 결정 계수
  : (24×10,000)+(300,000×0.5)+(34,000×0.5)=407,000

• B모델 결정 계수
  : (24×10,000)+(350,000×0.5)+(38,000×0.5)=434,000

• C모델 결정 계수
  : (36×10,000)+(250,000×0.5)+(25,000×0.5)=497,500

• D모델 결정 계수
  : (36×10,000)+(200,000×0.5)+(23,000×0.5)=471,500

따라서 A씨는 결정 계수가 가장 낮은 A모델을 구입한다.

## 39 정답 ①

각 교통편에 대한 김 대리의 가격 기준은 다음과 같다.

• CZ3650 : (2×1,000,000×0.6)+(500,000×0.8)=1,600,000원

• MU2744 : (3×1,000,000×0.6)+(200,000×0.8)=1,960,000원

• G820 : (5×1,000,000×0.6)+(120,000×0.8)=3,096,000원

• Z391 : (6×1,000,000×0.6)+(100,000×0.8)=3,680,000원

• D42 : (8×1,000,000×0.6)+(70,000×0.8)=4,856,000원

따라서 김 대리가 선택할 교통편은 CZ3650이다.

## 40 정답 ①

10시 10분일 때 시침과 분침의 각도를 구하면 다음과 같다.

• 10시 10분일 때 시침의 각도 : (30°×10)+(0.5°×10)=305°

• 10시 10분일 때 분침의 각도 : 6°×10=60°

따라서 시침과 분침이 이루는 작은 쪽의 각도는
(360−305)°+60°=115°이다.

**41** 정답 ②

왕복 시간이 2시간, 배차 간격이 15분이라면 첫차가 재투입되는 데 필요한 버스의 수는 첫차를 포함해서 8대이다($\because$ 15분×8대=2시간 이므로 8대 버스가 운행된 이후 9번째에 첫차 재투입 가능).
운전사는 왕복 후 30분의 휴식을 취해야 하므로 첫차를 운전했던 운전사는 2시간 30분 뒤에 운전을 시작할 수 있다. 따라서 150분 동안 운행되는 버스는 150÷15=10대이므로 10명의 운전사가 필요하다.

**42** 정답 ②

11:00~11:30에는 20명의 고객이 식사하고 있다. 그리고 11:30부터 1시간 동안은 2분당 +3명, 5분당 −1명의 변화가 있다. 2와 5의 최소공배수는 10이고, 10분당 출입하는 고객 수는 3×5−1×2=13명이다. 따라서 12시 정각에는 20+(13×3)=59명이 매장에서 식사하고 있다.

**43** 정답 ④

매출액은 매장에 방문한 고객 수에 타임별 가격을 곱한 값을 모두 더하면 알 수 있다.
• 런치타임 때 방문한 고객 수
: 20+(3×60÷2)+(2×60)+(6×60÷5)=302명
• 디너타임 때 방문한 고객 수
: 20+(7×60÷2)+(3×60)+(4×60÷5)=458명
$\therefore$ 하루 매출액 : (302×10,000)+(458×15,000)=9,890,000원

**44** 정답 ①

조사 당일에 만석이었던 적이 한 번 있었다고 하였으므로, 가장 많은 고객이 있었던 시간대의 고객 수가 한식뷔페의 좌석 수가 된다. 시간대별 고객의 증감은 최소공배수를 활용하여 다음과 같이 계산한다.
• 런치타임

| 시간 | 내용 |
|---|---|
| 11:30~12:30 | • 2분과 5분의 최소공배수 : 10분<br>• (3×10÷2)−(1×10÷5)=+13명<br>$\therefore$ 10분당 13명 증가 |
| 12:30~13:30 | • 1분과 6분의 최소공배수 : 6분<br>• (2×6÷1)−(5×6÷6)=+7명<br>$\therefore$ 6분당 7명 증가 |
| 13:30~14:30 | • 5분과 3분의 최소공배수 : 15분<br>• (6×15÷5)−(2×15÷3)=+8명<br>$\therefore$ 15분당 8명 증가 |

즉, 런치타임에는 시간이 흐를수록 고객의 수가 계속 증가함을 알 수 있다.

• 디너타임

| 시간 | 내용 |
|---|---|
| 16:30~17:30 | • 2분과 3분의 최소공배수 : 6분<br>• (7×6÷2)−(7×6÷3)=+7명<br>$\therefore$ 6분당 7명 증가 |
| 17:30~18:30 | • 1분과 5분의 최소공배수 : 5분<br>• (3×5÷1)−(6×5÷5)=+9명<br>$\therefore$ 5분당 9명 증가 |
| 18:30~19:30 | • 5분과 3분의 최소공배수 : 15분<br>• (4×15÷5)−(3×15÷3)=−3명<br>$\therefore$ 15분당 3명 감소 |

즉, 디너타임에는 18:35까지 고객 수가 계속 증가함을 알 수 있다.
• 런치타임 최대 고객 수(14:30)
: 20+(13×60÷10)+(7×60÷6)+(8×60÷15)=200명
• 디너타임 최대 고객 수(18:35)
: 20+(7×60÷6)+(9×60÷5)+1=199명
따라서 매장의 좌석 수는 200석이다.

**45** 정답 ②

매년 A, B, C 각 대학교의 입학자와 졸업자의 차이가 57명으로 일정하다. 따라서 빈칸에 들어갈 값은 514−57=457이다.

**46** 정답 ③

K사원의 지난 1년간 카드결제금액 내역을 살펴보면 모두 80만 원 이상임을 알 수 있다. 따라서 마일리지 적립구간 중에서 '30만 원 이하'와 '80만 원 이하'는 동일하게 적용되고, '80만 원 초과 구간'에서만 차이가 나는 것을 알 수 있다. 따라서 마일리지 적립액을 구하면 다음과 같다.
• '30만 원 이하' 구간 마일리지 적립액
: $\frac{300,000}{1,000}$×3×12=10,800마일리지
• '80만 원 이하' 구간 마일리지 적립액
: $\frac{800,000-300,000}{1,000}$×5×12=30,000마일리지
• '80만 원 초과' 구간 마일리지 적립액
− 80만 원 초과된 결제금액(단위 : 만 원)

| 1월 | 2월 | 3월 | 4월 | 5월 | 6월 |
|---|---|---|---|---|---|
| 70 | 50 | 60 | 40 | 100 | 60 |

| 7월 | 8월 | 9월 | 10월 | 11월 | 12월 |
|---|---|---|---|---|---|
| 50 | 60 | 90 | 70 | 80 | 90 |

$\therefore$ 합계 : 8,200,000원
− 마일리지 적립액
: $\frac{8,200,000}{1,000}$×10=82,000마일리지
• 총 적립 : 10,800+30,000+82,000=122,800마일리지
따라서 K사원은 최대한의 마일리지를 사용하여 서남아 일등석 항공권(115,000마일리지)을 결제할 것이다.

## 47

정답 ②

C, F회사의 설비를 설치했을 때 변동 금액을 정리하면 다음과 같다.

| 구분 | A회사 기계 | C회사 설비 | F회사 설비 |
|------|-----------|-----------|-----------|
| 소비전력 | 5,000W | – | 3,500W |
| 전기 사용량 | 1,200kWh | – | 840kWh |
| 전기 사용료 | 84만 원 | – | 84×0.75 =63만 원 |
| 연료비 | 100만 원 | 75만 원 | – |
| 설치비 | – | 1,000만 원 | 5,000만 원 |

C회사의 설비를 설치하면 전기 사용료는 변화가 없으므로 연료비만 비교한다. 사용하는 기간을 $x$개월이라고 하자.

$100 \times x \geq (75 \times x) + 1,000 \rightarrow 25 \times x \geq 1,000 \rightarrow x = 40$

따라서 최소 3년 4개월을 사용해야 손해를 보지 않는다.

## 48

정답 ③

C·F회사 설비를 설치한 후 1년에 지출하는 비용은
$(75+63) \times 12 = 1,656$만 원이고, 설치 전 1년에 지출하는 비용은
$(84+100) \times 12 = 2,208$만 원이므로 1년 단위로 절감한 비용은
$2,208 - 1,656 = 552$만 원이다. 설비를 5년간 사용하였으므로,
5년간 절감한 비용은 $552 \times 5 = 2,760$만 원이다.
C·F회사 설비를 설치하는 데 드는 비용은 총 6,000만 원이고
다른 회사에 판매한 금액은 1,000만 원이다.
따라서 $6,000 - 2,760 - 1,000 = 2,240$만 원 손해이다.

## 49

정답 ⑤

신고포상금은 부패신고로 인하여 직접적인 수입회복 등이 없더라도 공익의 증진 등을 가져온 경우 지급한다.

**오답분석**

① 부패신고는 직무상 비밀준수의 의무를 위반하지 않은 것으로 본다.
② 누구든지 신고자의 동의 없이 그 신분을 밝히거나 암시할 수 없다.
③ 신고포상금이 아닌 신고보상금의 경우 최대 30억 원까지 지급받을 수 있다.
④ 부패신고에 대해 불이익을 줄 경우 1천만 원 이하의 과태료가 부과된다.

## 50

정답 ③

보상대상가액 3억 7천만 원은 1억 원 초과 5억 원 이하이므로,
3천만+(2억 7천만×0.2)≒8천만 원

**오답분석**

① 1억 1천만+(12억 2천만×0.14)≒2억 8천만 원
② 1억 1천만+(3천만×0.14)≒1억 1천만 원
④ 4억 8천만+(712억×0.04)≒33억 3천만 원
　 → 30억 원(∵ 최대보상금 제한)
⑤ 3억 2천만+(18억 8천만×0.08)≒4억 7천만 원

# 제4회 모의고사 정답 및 해설

| 01 | 02 | 03 | 04 | 05 | 06 | 07 | 08 | 09 | 10 |
|----|----|----|----|----|----|----|----|----|----|
| ⑤ | ⑤ | ④ | ① | ④ | ② | ③ | ⑤ | ④ | ③ |
| 11 | 12 | 13 | 14 | 15 | 16 | 17 | 18 | 19 | 20 |
| ① | ⑤ | ③ | ④ | ③ | ② | ① | ② | ③ | ③ |
| 21 | 22 | 23 | 24 | 25 | 26 | 27 | 28 | 29 | 30 |
| ① | ③ | ① | ② | ④ | ① | ③ | ③ | ⑤ | ③ |
| 31 | 32 | 33 | 34 | 35 | 36 | 37 | 38 | 39 | 40 |
| ① | ④ | ③ | ④ | ③ | ① | ⑤ | ④ | ③ | ⑤ |
| 41 | 42 | 43 | 44 | 45 | 46 | 47 | 48 | 49 | 50 |
| ④ | ③ | ① | ⑤ | ③ | ② | ④ | ④ | ② | ② |

## 01 정답 ⑤

글쓴이는 첫 번째 문단에서 1948년에 제정된 대한민국 헌법에 드러난 공화제적 원리는 1948년에 이르러 갑자기 등장한 것이 아니라 이미 19세기 후반부터 표명되고 있었다고 말하면서 구체적인 예를 들어 설명하고 있다.

1886년 『한성주보』에서 공화제적 원리가 언급되었고, 1898년 만민공동회에서는 그 내용이 명확하게 드러났다고 하였다. 또한 독립협회의 「헌의 6조」에서도 공화주의 원리를 찾아볼 수 있다고 하였으므로 지문의 핵심 내용은 ⑤이다.

## 02 정답 ⑤

쇼펜하우어는 표상의 세계 안에서의 이성은 시간과 공간, 인과율을 통해서 세계를 파악하는 주인의 역할을 함에도 불구하고 다시 의지에 종속됨으로써 제한적이며 표면적일 수밖에 없다는 한계를 지적하고 있다.

**오답분석**

① 세계의 본질은 의지의 세계라는 내용은 쇼펜하우어 주장의 핵심 내용이라는 점에서는 옳지만, 제시된 글의 주요 내용은 주관 또는 이성 인식으로 만들어내는 표상의 세계는 결국 한계를 가질 수밖에 없다는 것이다.
② 제시문에서는 표상 세계의 한계를 지적했을 뿐, 표상 세계의 극복과 그 해결 방안에 대한 내용은 없다.
③ 제시문에서 의지의 세계와 표상 세계는 의지가 표상을 지배하는 종속관계라는 차이를 파악할 수는 있으나, 글의 중심 내용으로는 적절하지 않다.

④ 쇼펜하우어가 주관 또는 이성을 표상의 세계를 이끌어 가는 능력으로 주장하고 있다는 점에서 타당하나, 글의 중심 내용으로는 적절하지 않다.

## 03 정답 ④

제시문은 성품과 인위를 정의하고 이것에 대한 구체적인 예를 통해 인간의 원래 성품과 선하게 되는 원리를 설명하는 글이다. 따라서 '(A) 성품과 인위의 정의 → (C) 성품과 인위의 예 → (D) 성품과 인위의 결과 → (B) 이를 통해 알 수 있는 인간의 성질' 순서로 연결되어야 한다.

## 04 정답 ①

제시된 글은 주로 '한 번 문이 열리면 다시 그 문을 닫기란 매우 어렵다.', '철학의 모험은 자주 거칠고 무한한 혼돈의 바다에 표류하는 작은 뗏목에 비유된다.' 등 비유적 표현으로 논의의 대상인 '철학의 특성(모험적 성격)'을 밝히고 있다.

## 05 정답 ④

글쓴이는 철학의 특성인 '모험성'과 '대가'를 알려 주기 위해 '동굴의 비유'를 인용하였다. 즉, '동굴 안'은 기존의 세계를, '동굴 밖'은 기존의 세계를 뛰어넘은 곳(진리의 세계)을, 동굴 안과 동굴 밖까지를 지나는 과정은 '모험'을 뜻한다고 볼 수 있다. 또한 동굴의 밖에 도달하여 과거 세계의 허구성을 아는 것을 '지식 획득'으로, 무지의 장막에 휩싸인 자들에게 받는 불신과 박해를 혹독한 '대가'라고 할 수 있는 것이다.

## 06 정답 ②

제시문의 핵심은 철학의 특성이다. 즉, 철학이 가지는 모험성과 가혹한 대가를 중심으로 서술하고 있는 것이다. 따라서 철학의 특성인 '모험성'과 그에 따른 '대가 지불'을 언급하고 있는 ②가 빈칸에 들어갈 문구로 가장 적절하다.

## 07 정답 ③

제시문에서는 인류의 발전과 미래에 인류에게 닥칠 문제를 해결하기 위해 우주 개발이 필요하다는, 우주 개발의 정당성에 대해 논의하고 있다.

## 08
정답 ⑤

재산이 많은 사람은 약간의 세율 변동에도 큰 영향을 받는다. 그러므로 '영향이 크기 때문에'로 수정해야 한다.

## 09
정답 ④

제시문에서는 청소년들의 과도한 불안이 집중을 방해하여 학업 수행에 부정적으로 작용한다고 주장한다. 따라서 이러한 주장에 대한 반박으로는 오히려 불안이 긍정적으로 작용할 수 있다는 내용의 ④가 가장 적절하다.

## 10
정답 ③

$35,000 \div 100 = 350$달러
$\rightarrow 350 \times 1,160 = 406,000$원
$\rightarrow 406,000 \times 1,000 \div 10 = 4,060$만 원

## 11
정답 ①

Windows [제어판]의 [접근성 센터]에는 돋보기, 내레이터, 화상 키보드, 고대비 설정과 같은 시각 장애에 도움을 줄 수 있는 기능이 포함되어 있다.

## 12
정답 ⑤

ㄷ. [Ctrl]+[F4] : 현재 문서를 닫는다.
ㄹ. [Alt]+[F4] : Word를 닫는다.

**오답분석**

ㄱ. [F4] : 가능한 경우 마지막으로 실행한 명령이나 작업을 반복한다.
ㄴ. [Shift]+[F4] : 마지막 찾기 또는 이동 작업을 반복한다.

## 13
정답 ③

2주 동안 듣는 강연은 총 5회이다. 그러므로 금요일 강연이 없는 주의 월요일에 첫 강연을 들었다면 5주차 월요일 강연을 듣기 전까지 10개의 강연을 듣게 된다. 그 주 월요일, 수요일 강연을 듣고 그 다음 주 월요일의 강연이 13번째 강연이 된다. 따라서 6주 차 월요일이 13번째 강연을 듣는 날이므로 8월 1일 월요일을 기준으로 35일 후가 된다. 8월은 31일까지 있기 때문에 $1+35-31=5$일, 즉 9월 5일이 된다.

## 14
정답 ④

$72\text{km/h} = \dfrac{72,000}{3,600} \text{m/s} = 20\text{m/s}$

시속 72km로 달리는 자동차의 공주거리는 $20 \times 1 = 20$m이다.
(자동차의 평균정지거리)=(공주거리)+(평균제동거리)이므로 시속 72km로 달리는 자동차의 평균정지거리는 $20+36=56$m이다.

## 15
정답 ③

A, B, C사 자동차를 가진 사람의 수를 각각 $a$명, $b$명, $c$명이라 하자.
두 번째, 세 번째, 네 번째 조건을 식으로 나타내면 다음과 같다.
• 두 번째 조건 : $a=b+10 \cdots$ ㉠
• 세 번째 조건 : $b=c+20 \cdots$ ㉡
• 네 번째 조건 : $a=2c \cdots$ ㉢
㉠에 ㉢을 대입하면 $2c=b+10 \cdots$ ㉣
㉡과 ㉣을 연립하면 $b=50$, $c=30$이고, 구한 $c$의 값을 ㉢에 대입하면 $a=60$이다. 첫 번째 조건에 따르면 자동차를 2대 이상 가진 사람은 없으므로 세 회사에서 생산된 어떤 자동차도 가지고 있지 않은 사람의 수는 $200-(60+50+30)=60$명이다.

## 16
정답 ②

취업 관련 도서를 선호하는 3학년 학생 수는 $368 \times 0.066 \fallingdotseq 24$명이고, 철학·종교 도서를 선호하는 1학년 학생 수는 $375 \times 0.03 \fallingdotseq 11$명이다.
따라서 취업 관련 도서를 선호하는 3학년 학생 수 대비 철학·종교 도서를 선호하는 1학년 학생 수의 비율은 $\dfrac{11}{24} \times 100 \fallingdotseq 46\%$이다.

## 17
정답 ①

자료는 비율을 나타내기 때문에 실업자의 수는 알 수 없다.

**오답분석**

② 실업자 비율은 2%p 증가하였다.
③ 경제활동인구 비율은 80%에서 70%로 감소하였다.
④ 취업자 비율은 12%p 감소한 반면, 실업자 비율은 2%p 증가하였기 때문에 취업자 비율의 증감폭이 더 크다.
⑤ 비경제활동인구 비율은 20%에서 30%로 증가하였다.

## 18
정답 ②

(B빌라 월세)+(한 달 교통비)$=250,000+2.1 \times 2 \times 20 \times 1,000$
$=334,000$원
따라서 B빌라를 선택할 경우 334,000원이 필요하다.

**오답분석**

① A빌라 392,000원, B빌라 334,000원, C아파트 372,800원으로 모두 40만 원으로 가능하다.
③ C아파트가 편도 거리 1.82km로 교통비가 가장 적게 든다.
④ C아파트는 372,800원으로 A빌라보다 19,200원 적게 든다.
⑤ B빌라에 두 달 거주할 경우 668,000원이고, A빌라와 C아파트의 한 달 금액은 764,800원이므로 옳지 않은 설명이다.

## 19
**정답 ③**

- 1인 1일 사용량에서 영업용 사용량이 차지하는 비중
  : $\frac{80}{282} \times 100 = 28.37\%$
- 1인 1일 가정용 사용량 중 하위 두 항목이 차지하는 비중
  : $\frac{20+13}{45+38+36+28+20+13} \times 100 = 18.33\%$

## 20
**정답 ③**

왼쪽부터 '소설 – 잡지 – 외국 서적 – 어린이 도서' 순서로 배치되어 있다.

## 21
**정답 ①**

- A : 뇌세포가 일정 비율 이상 활동하지 않으면 잠이 잘 오고, 잠이 잘 오면 얕게 자지 않아 다음 날 쾌적하게 된다(대우는 성립한다).
- B : 일반적으로 명제의 역은 성립하지 않는다. 그러므로 첫 번째 명제의 역인 '집중력이 떨어지면 뇌세포가 일정 비율 이상 활동하지 않는다는 것이다.'는 명제가 성립하지 않으므로 '집중력이 떨어지면 얕게 자지 않아 다음 날 쾌적하게 된다.'는 명제도 성립하지 않는다.

## 22
**정답 ③**

주어진 조건에 따라 다음과 같은 결과를 얻을 수 있다.

| 〈2인석〉 | 통로 | 〈3인석〉 |
| --- | --- | --- |
| ⒷⒸ | | ⒶⒹ○ |

따라서 A는 3인석 좌석에 앉아 있고, 창가석에 앉아 있는 사람은 B뿐이다.

## 23
**정답 ①**

해당 지문은 유비쿼터스(Ubiquitous)에 대한 설명이다.

**오답분석**

② AI(Artificial Intelligence) : 컴퓨터에서 인간과 같이 사고하고, 생각하고, 학습하고, 판단하는 논리적인 방식을 사용하는 인간지능을 본 딴 고급 컴퓨터프로그램을 말한다.
③ 딥 러닝(Deep Learning) : 컴퓨터가 여러 데이터를 이용해 마치 사람처럼 스스로 학습할 수 있게 하기 위해 인공 신경망(ANN; Artificial Neural Network)을 기반으로 구축한 기계 학습 기술을 의미한다.
④ 블록체인(Block Chain) : 누구나 열람할 수 있는 장부에 거래 내역을 투명하게 기록하고, 여러 대의 컴퓨터에 이를 복제해 저장하는 분산형 데이터 저장기술이다.
⑤ P2P(Peer to Peer) : 기존의 서버와 클라이언트 개념이나 공급자와 소비자 개념에서 벗어나 개인 컴퓨터끼리 직접 연결하고 검색함으로써 모든 참여자가 공급자인 동시에 수요자가 되는 형태이다.

## 24
**정답 ②**

제시된 글은 김정희의 두 작품 석란과 부작란도를 구체적인 사례로 제시하면서, 김정희 자신의 삶의 영향으로 그의 예술과 작품 세계가 변화했음을 설명하고 있다. 평탄한 젊은 시절에 그린 석란에서는 단아한 품격, 고상한 품위, 돈후한 인품 등 당시 문인들의 공통적 이상을 느낄 수 있다. 유배 등의 풍파를 겪은 후 말년에 그린 부작란도에서는 쓸쓸하고 황량한 세계에 맞서는 강한 의지를 느낄 수 있으며 자신만의 감정을 충실히 드러낸 세계를 창출했음을 알 수 있다.

## 25
**정답 ④**

네 번째 문단에 따르면 바람에 꺾이고 맞서는 난초 꽃대와 꽃송이에서 세파에 시달려 쓸쓸하고 황량해진 그의 처지와 그것에 맞서는 강한 의지를 느낄 수 있다. 따라서 ④의 과거와의 단절에 대한 의지를 표현했다는 이해는 적절하지 않다.

## 26
**정답 ①**

올라갈 때와 내려올 때 걸린 시간이 같으므로 각각 3시간이 걸렸음을 알 수 있다.
올라갈 때와 내려올 때의 이동거리는 각각 $3a$[km], $3b$[km]이고, 내려올 때의 이동거리가 3km 더 길기 때문에
$3a+3=3b$
$\therefore b=a+1$
즉, 내려올 때의 속력을 나타내면 $(a+1)$km/h이다.

## 27
**정답 ③**

옷의 정가를 $x$원이라 하자.
$x(1-0.2)(1-0.3)=280,000 \rightarrow 0.56x=280,000$
$\therefore x=500,000$
따라서 할인받은 총 금액은 $500,000-280,000=220,000$원이다.

## 28
**정답 ③**

'적립방식'은 받을 연금과 내는 보험료의 비율이 누구나 일정하므로 보험료 부담이 공평하지만, '부과방식'은 노인 인구가 늘어날 경우 젊은 세대의 부담이 증가한다. 따라서 '적립방식'은 세대 간 부담의 공평성이 확보되고, '부과방식'은 세대 간 부담의 공평성이 미흡하다고 할 수 있다.

## 29
**정답 ⑤**

확정급여방식은 나중에 받을 연금을 미리 정하면 기금 운용 과정에서 발생하는 투자의 실패는 연금 관리자가 부담한다고 하였으므로 ⑤의 반응은 적절하지 않다.

## 30
**정답 ③**

2021년 7월 2일에 측정한 발전소별 수문 자료를 보면 이날 온도가 27℃를 초과한 발전소는 춘천, 섬진강, 보성강, 괴산이다. 춘천을 제외한 나머지 발전소의 출력량의 합은 다음과 같다.

- 섬진강 : $9.8 \times 6.9 \times 20 \times 0.9$
- 보성강 : $9.8 \times 1.1 \times 20 \times 0.9$
- 괴산 : $9.8 \times 74.2 \times 20 \times 0.9$

∴ 합계 : $9.8 \times 20 \times 0.9 \times (6.9 + 1.1 + 74.2) = 14,500.08 \text{kW}$

춘천의 출력량은 총 출력량 15,206.08kW에서 나머지 발전소의 출력량의 합을 뺀 $15,206.08 - 14,500.08 = 706 \text{kW}$이다.

춘천의 유량을 $x[\text{m}^3/\text{sec}]$라 하였을 때,

$706 = 9.8 \times x \times 20 \times 0.9 \to x = 706 \div (9.8 \times 20 \times 0.9) \to x ≒ 4$

따라서 춘천 발전소의 분당 유량은 $60 \times 4 = 240\text{m}^3/\text{min}$이다.

## 31
**정답 ①**

평가지표 결과와 지표별 가중치를 이용하여 지원자들의 최종 점수를 계산하면 다음과 같다.

- A지원자 : $3 \times 3 + 3 \times 3 + 5 \times 5 + 4 \times 4 + 4 \times 5 + 5 = 84$점
- B지원자 : $5 \times 3 + 5 \times 3 + 2 \times 5 + 3 \times 4 + 4 \times 5 + 5 = 77$점
- C지원자 : $5 \times 3 + 3 \times 3 + 3 \times 5 + 3 \times 4 + 5 \times 5 = 76$점
- D지원자 : $4 \times 3 + 3 \times 3 + 3 \times 5 + 5 \times 4 + 4 \times 5 + 5 = 81$점
- E지원자 : $4 \times 3 + 4 \times 3 + 2 \times 5 + 5 \times 4 + 5 \times 5 = 79$점

따라서 G공사에서 올해 채용할 지원자는 A, D지원자이다.

## 32
**정답 ④**

퍼낸 소금물의 양을 $x$g, 2% 소금물의 양을 $y$g이라고 하자.

$400 - x + x + y = 520 \to y = 120$

$\dfrac{8}{100}(400 - x) + \dfrac{2}{100} \times 120 = \dfrac{6}{100} \times 520$

$\to 3,200 - 8x + 240 = 3,120 \to 8x = 320$

∴ $x = 40$

## 33
**정답 ③**

재작년 사원 수를 $x$명이라고 하면, 작년 사원 수는 $1.1x$명이다.

55명은 작년 사원 수의 10%이므로 $0.1 \times 1.1x = 55$

∴ $x = 500$

## 34
**정답 ④**

주어진 조건을 정리하면 다음과 같다.

〈A동〉 - 11명 거주

| 구분 | 1호 | 2호 | 3호 |
|---|---|---|---|
| 5층 | 영희(1)/은희(1) | | 창고 |
| 4층 | 신혼부부(2) | | |
| 3층 | | | |
| 2층 | | | |
| 1층 | | | |

3인 가구(3), 4인 가구(4)

〈B동〉 - 6명 거주

| 구분 | 1호 | 2호 | 3호 |
|---|---|---|---|
| 5층 | | | |
| 4층 | | | |
| 3층 | | | |
| 2층 | | | |
| 1층 | 노부부(2)/중년부부(2) | 창고 | 중년부부(2)/노부부(2) |

1인 가구(남), 1인 가구(남)

따라서 A동에는 영희·은희(여자 1인 가구), 신혼부부(2인 가구), 3인 가구, 4인 가구가 거주하고(총 11명), B동에는 노부부(2인 가구), 중년부부(2인 가구), 남자 1인 가구 2가구가 거주한다(총 6명).

### 오답분석

① 얼마 전에 결혼한 희수는 신혼부부로 A동 4층에 거주한다.(∵ B동에 거주할 경우 1층의 4명, 남자 1인 가구 2명과 더해 B동 인원 초과하므로)

② 3인 가구와 4인 가구가 서로 위아래층에 사는 것을 알 수 있지만, 정확한 호수는 주어진 조건만으로는 알 수 없다.

③ 두 번째와 여섯 번째 조건에 따라 노부부와 중년부부는 B동 1층에 거주한다(B동 전체인원은 6명이고 1층 인원은 4명이라고 했으므로 노부부가 있는 상태에서는 남자 1인 가구는 올 수 없으므로).

⑤ B동은 1인 가구 2가구(모두 남자), 노부부, 중년부부가 거주한다. 따라서 총 인원 6명 중 남자는 4명, 여자는 2명으로 남자가 여자의 2배이다.

## 35 정답 ③

(나) 휴게소가 없는 노선 중 평택충주선의 경우 영업소의 수가 17개이므로 옳지 않은 설명이다.

(라) 경부선은 영업소의 수가 휴게소의 수보다 많으므로 [(휴게소)÷(영업소)] 비율은 1보다 작다. 그러나 호남선의 지선의 경우 영업소 수와 휴게소 수가 같으므로 [(휴게소)÷(영업소)] 비율이 1이고, 중앙선의 경우 영업소 수가 휴게소 수보다 적으므로 [(휴게소)÷(영업소)] 비율은 1보다 크다. 실제로 세 노선의 [(휴게소)÷(영업소)] 비율을 구하면 다음과 같다.

- 경부선 : $\frac{31}{32} ≒ 0.97$

- 중앙선 : $\frac{14}{6} ≒ 2.33$

- 호남선의 지선 : 1

따라서 [(휴게소)÷(영업소)] 비율이 가장 높은 노선은 중앙선이다.

### 오답분석

(가)・(마) 제시된 자료를 통해 알 수 있다.

(다) 휴게소의 수와 주유소의 수가 일치하지 않는 노선은 경부선, 광주대구선, 호남선으로 총 3개의 노선이다.

## 36 정답 ①

주어진 조건에 따르면 김 씨는 남매끼리 서로 인접하여 앉을 수 없으며, 박 씨와도 인접하여 앉을 수 없으므로 김 씨(여성)는 왼쪽에서 첫 번째 자리에만 앉을 수 있다. 또한, 박 씨(남성) 역시 김 씨와 인접하여 앉을 수 없으므로 왼쪽에서 네 번째 자리에만 앉을 수 있다. 나머지 자리는 최 씨 남매가 모두 앉을 수 있으므로 6명이 앉을 수 있는 경우는 다음과 같다.

- 경우 1

| 김 씨<br>(여성) | 최 씨<br>(여성) | 박 씨<br>(여성) | 박 씨<br>(남성) | 최 씨<br>(남성) | 김 씨<br>(남성) |
|---|---|---|---|---|---|

- 경우 2

| 김 씨<br>(여성) | 최 씨<br>(남성) | 박 씨<br>(여성) | 박 씨<br>(남성) | 최 씨<br>(여성) | 김 씨<br>(남성) |
|---|---|---|---|---|---|

경우 1과 경우 2 모두 최 씨 남매는 왼쪽에서 첫 번째 자리에 앉을 수 없다.

### 오답분석

② 어느 경우에도 최 씨 남매는 인접하여 앉을 수 없다.

③ 박 씨 남매는 항상 인접하여 앉는다.

④ 최 씨(남성)는 박 씨(여성)와 인접하여 앉을 수도 있고 인접하여 앉지 않을 수도 있다.

⑤ 김 씨(여성)는 최 씨(여성)와 인접하여 앉을 수도 있고 인접하여 앉지 않을 수도 있다.

## 37 정답 ⑤

주어진 조건에 따르면 과장은 회색 코트를 입고, 연구팀 직원은 갈색 코트를 입었으므로 가장 낮은 직급인 기획팀의 C사원은 검은색 코트를 입었음을 알 수 있다. 이때, 과장이 속한 팀은 디자인팀이며, 연구팀 직원의 직급은 대리임을 알 수 있지만, 각각 디자인팀의 과장과 연구팀의 대리가 A, B 중 누구인지는 알 수 없다. 이것을 정리하면 다음과 같다.

| 구분 | A 또는 B | A 또는 B | C |
|---|---|---|---|
| 직급 | 과장 | 대리 | 사원 |
| 코트 | 회색 | 갈색 | 검은색 |
| 팀 | 디자인팀 | 연구팀 | 기획팀 |

따라서 항상 옳은 것은 ⑤이다.

## 38 정답 ④

- C강사 : 셋째 주 화요일 오전, 목요일, 금요일 오전에 강당이 비어 있으므로 목요일과 금요일 오전에 강의가 가능하다.

- E강사 : 첫째 주, 셋째 주 화~목요일 오전에 스케줄이 있으므로 수요일과 목요일 오후에 강의가 가능하다.

### 오답분석

- A강사 : 매주 수~목요일에 스케줄이 있으므로 화요일과 금요일 오전에 강의가 가능하지만 강의가 연속 이틀에 걸쳐 진행되어야 한다는 조건에 부합하지 않는다.

- B강사 : 화요일과 목요일에 스케줄이 있으므로 수요일 오후와 금요일 오전에 강의가 가능하지만 강의가 연속 이틀에 걸쳐 진행되어야 한다는 조건에 부합하지 않는다.

- D강사 : 수요일 오후와 금요일 오전에 스케줄이 있으므로 화요일 오전과 목요일에 강의가 가능하지만 강의가 연속 이틀에 걸쳐 진행되어야 한다는 조건에 부합하지 않는다.

## 39 정답 ③

익년은 '다음 해'를 의미한다. 파일링시스템 규칙을 적용하면 2017년도에 작성한 문서의 경우, 2018년 1월 1일부터 보존연한이 시작되어 2020년 12월 31일자로 완결된다. 따라서 폐기연도는 2021년 초이다.

## 40 정답 ⑤

물품 A 2박스와 물품 B 1박스를 한 묶음으로 보면 다음과 같이 쌓을 수 있다.

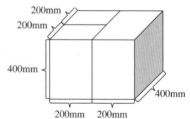

최종적으로 물품 한 세트의 규격은 (L)400mm×(W)400mm×(H)400mm으로 볼 수 있다.
해당 규격으로 20ft 컨테이너에 넣게 되면,
- 6,000÷400=15세트
- 2,400÷400=6세트
- 2,400÷400=6세트
따라서 총 15×6×6=540세트 → 540×3=1,620박스이다.

# 41
정답 ④

먼저 한 달간 약국의 공휴일 영업일수는 서로 같으므로 공휴일인 5일 동안 5개의 약국 중 2곳씩 영업할 경우, 각 약국은 이번 달 공휴일에 두 번의 영업을 해야 한다.
세 번째 조건과 마지막 조건에 따르면 D약국은 첫 번째, 두 번째 공휴일에 이미 A약국, E약국과 함께 두 번의 영업을 하였다. E약국 역시 네 번째 조건에 따라 마지막 공휴일에 영업할 예정이므로 모두 두 번의 영업을 하게 되며, A약국도 세 번째 공휴일인 오늘 영업 중이므로 두 번의 영업일을 채우게 된다.
B약국이 두 번의 영업일을 채우기 위해서는 네 번째와 다섯 번째 공휴일에 반드시 영업을 해야 하므로 C약국은 자연스럽게 남은 네 번째 공휴일에 영업을 하게 된다.
각 공휴일에 영업하는 약국을 정리하면 다음과 같다.

| 공휴일 | 첫 번째 | 두 번째 | 세 번째 | 네 번째 | 다섯 번째 |
|---|---|---|---|---|---|
| 약국 (횟수) | A(1), D(1) | D(2), E(1) | A(2), C(1) | B(1), C(2) | B(2), E(2) |
| | D(1), E(1) | A(1), D(2) | | | |

따라서 네 번째 공휴일에 영업하는 약국은 B와 C이다.

### 오답분석
① 조건에 따르면 A약국은 첫 번째 또는 두 번째 공휴일에 영업을 하였는데, A약국이 세 번째 공휴일에 영업을 하므로 첫 번째 공휴일에 영업을 할 경우 연속으로 영업한다는 것은 참이 되지 않는다.
② 다섯 번째 공휴일에는 B와 E약국이 함께 영업한다.
③ B약국은 네 번째, 다섯 번째 공휴일에 영업한다.
⑤ E약국은 첫 번째 또는 두 번째 공휴일과 다섯 번째 공휴일에 영업을 하므로, 첫 번째와 다섯 번째 공휴일에 영업하는 것이 반드시 참은 아니다.

# 42
정답 ③

을이 오전 7시 30분에 일어나고 갑이 오전 6시 30분 전에 일어나면 갑이 이길 수도 있고 질 수도 있다.

### 오답분석
① 갑이 오전 6시 정각에 일어나면 을이 오전 7시 정각에 일어나도 갑의 합산 결과가 6으로 이긴다.
② 4개의 숫자를 합산하여 제일 큰 수를 만들 때는 을은 오전 7시 59분으로 21, 갑은 오전 6시 59분으로 20이다. 그러므로 을이 오전 7시 59분에 일어나면 을은 반드시 진다.

④ 갑과 을이 정확히 한 시간 간격으로 일어나면 뒤에 두 자리는 같게 된다. 따라서 앞의 숫자가 작은 갑이 이기게 된다.
⑤ ④번에서 한 시간 차이가 났을 땐 1 차이로 갑이 이겼다. 여기에서 10분 차이가 나는 50분 간격으로 일어나면 한 시간 차이가 났을 때보다 을은 10분 빨리 일어나게 되어 1 차이가 없어진다. 따라서 갑과 을은 비기게 된다.

# 43
정답 ①

각 상품의 비용(가격)과 편익(만족도)의 비율을 계산하면 상품 B를 구입하는 것이 가장 합리적이다.

# 44
정답 ⑤

- 슬로푸드 선물세트 : 28,000×0.71=19,880
  → 19,800원(∵ 10원 단위 이하 절사)
  – 마케팅부의 주문금액 : 19,800×13=257,400원
- 흑삼 에브리진생 : 75,000×0.66=49,500
  – 인사부의 주문금액 : 49,500×16=792,000원
- 한과 선물세트 : 28,000×0.74=20,720
  → 20,700원(∵ 10원 단위 이하 절사)
  – 기술부의 주문금액 : 20,700×9=186,300원
따라서 총 주문금액은 396,000+384,000+257,400+792,000+186,300=2,015,700원이다.

# 45
정답 ③

대화 내용을 살펴보면 A과장은 패스트푸드점, B대리는 화장실, C주임은 은행, 귀하는 편의점을 이용한다. 이는 동시에 이루어지는 일이므로 가장 오래 걸리는 일의 시간만을 고려하면 된다. 은행이 30분으로 가장 오래 걸리므로 17:20에 모두 모이게 된다. 따라서 17:00, 17:15에 출발하는 버스는 이용하지 못한다. 그리고 17:30에 출발하는 버스는 잔여좌석이 부족하여 이용하지 못하여, 최종적으로 17:45에 출발하는 버스를 탈 수 있다. 그러므로 서울 도착 예정시각은 19:45이다.

# 46
정답 ②

이상 징후별 인과 및 상관관계를 정리하면 다음과 같다.
2)를 근거로 ㉯가 나타나지 않으면 ㉰는 나타나지 않는다.
3)을 근거로 ㉯ 또는 ㉰가 나타나지 않으면 ㉱는 나타나지 않는다.
조건에 따라 이상 징후 발견 여부를 정리하면 다음과 같다.

| 구분 | ㉮ | ㉯ | ㉰ | ㉱ | ㉲ |
|---|---|---|---|---|---|
| A | ○ | | ○ | × | × |
| B | ○ | ○ | ○ | ○ | |
| C | ○ | × | ○ | × | × |
| D | × | ○ | × | | × |
| E | × | × | × | × | × |

따라서 투자 부적격 기업은 이상 징후가 4개 발견된 B기업이다.

## 47

예산이 가장 많이 드는 B사업과 E사업은 사업기간이 3년이므로 최소 1년은 겹쳐야 한다는 것을 기반으로 표를 구성할 수 있다.

| 사업명 | 연도 | 1년 차 | 2년 차 | 3년 차 | 4년 차 | 5년 차 |
|---|---|---|---|---|---|---|
| | 예산 | 20조 | 24조 | 28.8조 | 34.5조 | 41.5조 |
| A | | | 1 | 4 | | |
| B | | | 15 | 18 | 21 | |
| C | | | | | | 15 |
| D | | 15 | 8 | | | |
| E | | | | 6 | 12 | 24 |
| 실질사용예산합 | | 15 | 24 | 28 | 33 | 39 |

## 48
정답 ④

라벨지와 받침대, 블루투스 마우스를 차례대로 계산하면 $18,000 \times 2 + 24,000 + 27,000 \times 5 = 195,000$원이다. 그리고 블루투스 마우스를 3개 이상 구매 시 AAA건전지 3SET를 무료 증정하기 때문에 AAA건전지는 2SET만 더 구매하면 된다.
따라서 $195,000 + 4,000 \times 2 = 203,000$원이다.

## 49
정답 ②

라벨지는 91mm로 변경 시 각 SET당 5%를 가산하기 때문에 $(18,000 \times 1.05) \times 4 = 75,600$원, 3단 받침대는 1단 받침대에 2,000원씩을 추가하므로 $26,000 \times 2 = 52,000$원이다. 그리고 블루투스 마우스는 $27,000 \times 3 = 81,000$원이고, 3개 이상 구매 시 AAA건전지 3SET가 사은품으로 오기 때문에 따로 주문하지 않는다. 마지막으로 문서수동세단기 36,000원을 더하면 $75,600 + 52,000 + 81,000 + 36,000 = 244,600$원이다.

## 50
정답 ②

제시된 정보를 미지수로 나타내어 대소비교를 하면 다음과 같다.
- 작약($a$)을 받은 사람은 카라($b$)를 받은 사람보다 적다. → $a < b$
- 수국($c$)을 받은 사람은 작약($a$)을 받은 사람보다 적다. → $c < a$
- 장미($d$)를 받은 사람은 수국($c$)을 받은 사람보다 많고, 작약($a$)을 받은 사람보다 적다. → $c < d < a$

따라서 개수의 대소는 $c < d < a < b$ → 수국＜장미＜작약＜카라이다.
$a + b + c + d = 12$를 만족하는 종류별 꽃의 개수는 두 가지이다.

(단위 : 송이)

| 구분 | 수국 | 장미 | 작약 | 카라 |
|---|---|---|---|---|
| 경우 1 | 1 | 2 | 4 | 5 |
| 경우 2 | 1 | 2 | 3 | 6 |

ㄴ. 사람들에게 한 송이씩 나눠줬다고 했으므로 꽃을 받은 인원이 그 꽃의 개수가 된다.
따라서 카라 5송이, 작약 4송이를 준 것은 경우 1에 해당하므로 장미를 받은 사람은 2명이다.

**오답분석**

ㄱ. 카라를 받은 사람이 4명이면, 카라가 4송이이고, 4종류의 꽃의 개수가 모두 달라야 대소관계가 성립하므로 작약은 3송이, 장미는 2송이, 수국은 1송이가 된다. 하지만 모두 합하면 10송이밖에 안 되므로 옳지 않은 설명이다.

ㄷ. 수국을 받은 사람이 2명이면, 최소로 해도 수국 2송이, 장미 3송이, 작약 4송이, 카라 5송이가 되는데, 이것은 총 14송이로 총 12송이보다 많다. 따라서 옳지 않은 설명이다.